100 Rezepte
Fondue & Raclette

100 Rezepte Fondue & Raclette

von

Armin Roßmeier

Unipart - Verlag • Stuttgart

Inhalt

genehmigte Lizenzausgabe für
UNIPART-VERLAG GMBH,
Remseck bei Stuttgart, 1996

ISBN 3 8122 3341 X

Vorwort.

Die modernen Zeiten sind schnelle Zeiten. Umso wichtiger ist es, sich stille Oasen zu erhalten, in denen die Zeit ruhig einmal stehen bleiben darf. Zum Fondue wie zum Raclette muß man Zeit mitbringen. Denn man bereitet Häppchen für Häppchen zu, und erst wenn eines fertig gegart ist, kommt das nächste auf den Spieß oder in die Pfanne.

Abgesehen davon, daß es gesund ist, langsam zu essen, ist es auch für die Atmosphäre ein unschätzbarer Gewinn. Niemand wird hier steif und schweigend an seinem Platz sitzen und aufessen, was man ihm auf dem Teller serviert hat. Jeder muß sich selber darum kümmern, daß in seinem Raclette-Pfännchen alles gut gerät, oder daß das Fleisch am Fonduespieß rechtzeitig aus dem Öl kommt. Aber da man ja stets nur kleine Portionen zubereitet, verliert niemand den Überblick. Da ist immer Bewegung am Tisch, eine steife Atmosphäre ist hier undenkbar. Und zwischen den Häppchen ist stets genug Zeit sich zu unterhalten.
Zum Beispiel über die leckeren Saucen, die zum Fondue gereicht werden, oder über die köstlichen Salate. Oder einfach über alles, was einem nicht den Appetit verdirbt.

Aber ein Fondue- oder Raclette-Essen ist nicht nur für die Gäste eine angenehme Oase im hektischen Alltagstrubel. Auch die Gastgeber können den Abend ganz gelassen genießen.

Denn der Einkauf und die wenigen Vorbereitungen sind lange vorher erledigt worden. Wenn die Gäste am Tisch versammelt sind, dann muß niemand mehr in der Küche schwitzen. Alles passiert am Eßtisch vor aller Augen. Der Fonduetopf ist sozusagen die moderne Form des urgemütlichen Lagerfeuers.

Fondue und Raclette sind bequem durchzuführen. Aber keine Angst: damit sind keine Einschränkungen geschmacklicher Art verbunden. Fondue essen ist auch etwas für Genießer. Dafür sorgen Sie selbst natürlich schon beim Einkauf; denn wie immer entscheidet die Qualität der Waren über die Qualität der Mahlzeit.

Das Schöne bei Fondue und Raclette ist, daß man nicht alles auf eine Karte setzen muß. Statt eines großen Bratens bieten Sie Ihren Gästen kleine Portionen aus verschiedenen Geschmacksrichtungen an. Da ist dann garantiert für jeden noch so heiklen Esser eine Delikatesse dabei.

Das Fondue mit Öl oder Brühe sowie das Käsefondue sind weithin bekannt. Dagegen hält so mancher Zeitgenosse Raclette immer noch für eine belgische Radrennstrecke. Umso erstaunter werden diese Unwissenden sein, wenn Sie ihnen heiße Köstlichkeiten von einem Raclettegrill servieren.

Dieses kleine Kochbuch ermöglicht Ihnen den Überblick über die notwendigen Grundlagen von Fondue und Raclette. Der anschließende Rezeptteil ist umfassend und vielfältig eingerichtet, so daß Sie nicht schnell in Nöte geraten, weder bei einem großen Fest, noch bei einem kleinen mit den besten Freunden oder bei überraschenden Gästen. Gerade bei Fondue und Raclette ist aber Ihre eigene Phantasie gefordert. Beim Erfinden und Austüfteln neuer Saucen und Dips gibt es nämlich unbegrenzte Möglichkeiten. Hier gilt wie so oft: Probieren geht über studieren.
Und alles geht viel einfacher mit ein bißchen guter Laune und dem Wissen, daß keine Hexerei notwendig ist, um Ihre Gäste und Ihre Familie mit Köstlichkeiten zu verwöhnen.

Viel Spaß beim Kochen und Essen und angenehme Gäste wünscht Ihnen Ihr Armin Roßmeier

Köstliches in Öl

Notwendiges Zubehör

Seit langer Zeit ist das Fondue mit Öl oder Fett bei uns beliebt. Die notwendigen Geräte sind in vielen Haushalten vorhanden. Dazu gehört ein Topf aus Gußeisen, Edelstahl oder auch feuerfestem Glas. Darunter ein Rechaud, der beispielsweise mit Spiritus oder Gas beheizt wird. Dazu benötigen Sie unbedingt noch die typischen langen Gabeln, mit denen Sie die Fleischstückchen ins Fett tauchen können. Diese Gabeln haben wärmeisolierende Griffe, und sie sind einzeln gekennzeichnet, damit jeder seine Gabel im Gabelgewirr wiederfinden kann.
Schüsseln und Töpfe sind in jedem Haushalt genügend vorhanden, um Fleisch und Saucen servieren zu können. Dazu brauchen Sie noch für jeden Gast Teller und Eßbesteck.
Das ist schon die ganze Grundausstattung. Wenn Sie freilich auf den Geschmack gekommen sind und öfter zum Fondue einladen, dann lohnt sich natürlich der Kauf von passendem Geschirr. Praktisch sind etwa Teller mit mehreren Unterteilungen für die verschiedenen Saucen. Wenn Sie darüber hinaus viele Gäste zu Tisch bitten, dann ist ein zweiter Fonduetopf angebracht. Denn ein Gedränge um den einzigen Topf ist nicht nur unangenehm, sondern auch gefährlich. Vergessen Sie nie, daß da heißes Fett auf dem Tisch steht!

Gutes Fett

Das Fett wird, bevor es auf den Rechaud kommt, auf dem Herd bis etwa 180° erhitzt. Die richtige Temperatur läßt sich leicht mit einem Holzkochlöffel feststellen. Wenn Sie ihn ins Fett tauchen und wenn dabei keine Bläschen aufsteigen, dann ist das Fett heiß genug.
Das Fett sollte keinen vordringlichen Eigengeschmack haben. Butter oder Olivenöl sind deshalb zum Fondue ungeeignet. Von den Pflanzenfetten ist Kokosöl zu empfehlen. Sobald das Öl im Topf auf dem Tisch steht, müssen Sie nur noch die Rechaudflamme so regulieren, daß die Temperatur gleich bleibt. Wenn sie zu hoch wird, kann das Öl überkochen. Das ist sehr unangenehm, läßt sich aber leicht vermeiden, wenn Sie den Topf höchstens zu zwei Dritteln füllen. Das Öl können Sie nach dem Fondue weiterverwenden. Allerdings müssen Sie nach dem Abkühlen die festen Bestandteile herausfiltern. Das Öl füllen Sie in Flaschen ab und können es als Bratenfett wiederverwenden.

Gutes Fleisch

Daß Sie immer nur beste Qualität verwenden, sollte eigentlich selbstverständlich sein. Sie können alle guten Stücke verwenden, ob vom Kalb, Schwein und Lamm. Und mit einem Rinderfilet oder einem Roastbeef liegen Sie garantiert richtig. Wild und Geflügel werden seltener angeboten, sind aber ebenfalls Delikatessen beim Fondue.
Wer Innereien mag, der muß hier ebenfalls nicht darauf verzichten. Nicht zuletzt können Sie auch Fisch im Öl garen. Dazu muß er enthäutet, grätenfrei und in Würfel zerlegt sein.

Gutes Gemüse

Bei Gemüse müssen Sie ein wenig vorsichtig sein. Daß man kein Wasser auf heißes Öl gießen soll, wissen sie selbstverständlich. Aber denken Sie auch daran, daß manche Gemüsesorten sehr wasserhaltig sind? Sie müssen dem Gemüse also vorher Flüssigkeit entziehen. Das geschieht indem Sie es blanchieren und anschließend im Backofen kurz trocknen.

Gute Tips

Es sollten niemals alle Spieße zugleich ins Öl versenkt werden. Dabei sinkt die Temperatur nämlich stark ab; das Fleisch wird in der Folge nicht mehr gebraten, sondern nur noch gekocht. Was Sie auch immer auf Ihre Fonduegabeln spießen: es wird erst nach dem Garen gewürzt.
Wenn der Brennspiritus einmal ausgeht, dürfen Sie niemals frischen Spiritus in den noch heißen Tank gießen. Der Spiritus könnte explodieren. Warten Sie lieber einige Minuten.

Gutes in Brühe

Der einzige, allerdings große Unterschied zwischen beiden Fonduearten liegt in der Garflüssigkeit. Statt dem Öl oder Fett wird hier eine gut gewürzte Fleischbrühe verwendet. Auch hier ist es wichtig, die Temperatur konstant zu halten. Brühe verkocht schnell, wenn sie zu heiß ist; wenn sie aber auf zu niedriger Temperatur gehalten wird, dann dauert es zu lange, bis die Speisen durchgegart sind.

In der Brühe können Sie natürlich auch Fleisch garen. Aber fast noch beliebter ist frisches Gemüse aus der heißen Brühe. Im Gegensatz zum Öl spielt hier der Wassergehalt von Gemüse keine Rolle. Viel wichtiger ist, daß Sie das Gemüse richtig schneiden. Denn die Gardauer hängt von der Dicke der Stücke ab. Außerdem sollten Sie festes Gemüse zuvor blanchieren, um die Garzeit zu reduzieren. Wenn Sie das Gemüse hauchdünn schneiden, dann können Sie sich das Blanchieren sparen.

Übrigens: die Brühe ist nach Beendigung des Fondues ein köstliches Getränk, nicht nur für Insider.

Bei beiden Fonduearten können Sie bei den Hauptzutaten pro Person ungefähr mit 200-250g rechnen.

Entscheidend für jedes Fondue sind natürlich die Saucen und Dips. Hier können Sie Ihrer Phantasie freien Lauf lassen, Sie können aber auch aus den köstlichen Rezepten dieses Buches wählen. Zu viele Saucen können Sie eigentlich gar nicht anbieten. Manche werden so verlokkend sein, daß sie zum Einstippen mit rohem Gemüse und Brot hergenommen werden.

Käsefondue

Notwendiges Zubehör

Beim Käsefondue werden die Speisen nicht in Fett oder Brühe gegart. Hier wird nur Käse über der Flamme zum Schmelzen gebracht. In diesen Käse taucht man Gemüse oder Fleisch. Zum Schmelzen des Käses eignet sich ein feuerfestes Tongefäß am besten. In Frankreich, dem wahrscheinlichen Herkunftsland des Käsefondues, heißen diese Tongefäße Caquelon.

Bei den Fonduegabeln kann es nicht schaden, wenn sie mehr Zacken haben als die fürs Fleischfondue. Der geschmolzene Käse ist nämlich nie so flüssig wie Öl. Deshalb kann man die Gabeln mit den aufgespießten Speisen auch nicht so leicht hindurchziehen. Auf einer dreizackigen Gabel sitzen die Speisen nun mal fester. Ansonsten kommen Sie mit den gleichen Geräten aus, wie beim Fleischfondue.

Der richtige Käse

Die Käsewahl entscheidet über das Gelingen des Fondues. Sehr häufig wird Greyerzer verwendet. Dieser Käse aus der Schweiz ist würzig, aber nicht zu scharf. Ähnlich gut eignen sich der Appenzeller, der Emmentaler oder der Bel Paese. Aber auch mit Gouda, Chester, Parmesan und Gomser sind Sie gut beraten. Überhaupt sollten Sie immer wieder neue Sorten ausprobieren. Am besten schmecken einem doch die Dinge, die man selber entdeckt hat.

Verschiedene Käsesorten kann man auch mischen. Zum Beispiel alten und jungen Gouda, oder würzigere und mildere Sorten überhaupt.

Die richtigen Beilagen

Nicht weniger wichtig als der Käse sind die Beilagen.
Die einfachste ist Brot. Aber es gibt so viele verschiedene Brotsorten, die Sie zusätzlich noch präparieren können: Sie können das Brot selber würzen, oder anrösten, oder mit einer Knoblauchzehe einreiben oder wie es Ihnen gefällt. Jedesmal erreichen Sie eine neue Geschmacksnuance.

Neben Brot kommt vor allem Gemüse in Frage. Da das Gemüse nur durch die Käsemasse gezogen und nicht gegart wird, müssen Sie es zuvor blanchieren.
Blanchiertes Gemüse hat genau den richtigen Biß und ohnehin das beste Aroma.

Ein Käsefondue kann ohne weiteres das Hauptgericht eines Abends sein. Aber es kann auch als Zwischengang in einem großen Menü eingeschaltet werden.
Pro Person müssen Sie beim Hauptgericht 200-250 g Käse einrechnen; als Vor-, Zwischen- oder Nachgericht reicht schon die Hälfte

Raclette

Beim Raclette spielt ebenfalls der Käse die Hauptrolle.

Die richtigen Geräte

In einem Racletteofen sind die Grillstäbe so angebracht, daß sie den Käse an der angeschnittenen Seite zum Schmelzen bringen. In etwas rustikalerer Art kann man das auch am Lagerfeuer einrichten. Dazu müssen Sie aus Ziegelsteinen einen Grill bauen. Wenn Sie einen Holzkohlengrill besitzen, bei dem man die Glut seitlich vertikal anordnen kann, dann können Sie auf ihm auch ein Raclette-Essen zubereiten. Man nähert einen halbierten Käselaib der Glut, so daß er langsam zu schmelzen beginnt. Wenn die Oberfläche weich genug ist, wird sie einfach mit einem Spachtel oder einem Messer abgeschabt.

Neben diesen etwas urtümlichen Methoden gibt es aber auch die Zubereitung auf modernen Raclettegrills. Hier wird der Käse in dünne Scheiben geschnitten, die etwa 1-2cm dick sein sollen. Diese Scheiben werden in kleinen Pfannen geschmolzen, von denen jeder Gast eine für sich hat.

Der richtige Käse

Hier kommen beinahe die selben Sorten in Frage wie beim Käsefondue. Extra erwähnen sollte man höchstens den Original-Raclette-Käse aus dem Wallis, oder den aus der Auvergne in Frankreich stammenden Riches Monts.

Von den deutschen Sorten sind der Allgäuer Emmentaler und der Tilsiter hervorzuheben.

Puristen schwören natürlich auf den echten Raclettekäse. Nur dieser entfaltet angeblich nach dem Schmelzen das einzigartige Aroma. Alles andere ist den Puristen bloß geschmolzener Käse. Vielleicht haben sie recht. Aber jedenfalls entgehen ihnen Genüsse, die man leicht haben kann, wenn man nicht so streng mit sich selbst ist. Beim Raclettegrill verwenden Sie ja statt eines großen Käselaibs immer nur dünne Scheiben. Deshalb können Sie kleinere Mengen von verschiedenen Käsesorten ausprobieren. Dabei werden Sie immer wieder auf neue Geschmackskombinationen stoßen. Auch wenn es alles nur Käse ist - für köstliche Überraschungen ist gesorgt!

Die richtigen Beilagen

Wer die einfachen, urtümlichen Genüsse bevorzugt, der wird den Käse vielleicht nur mit Pellkartoffeln essen. Aber auch der Gourmet und Liebhaber raffinierter Speisen kommt am Raclettegrill nicht zu kurz. Er kann jegliche Leckerbissen aus Fleisch oder Gemüse mit dem Käse verschmelzen.

Die klassische Beilage sind wie gesagt Pellkartoffeln. Dazu werden gerne Salami, Schinken oder Bündner Fleisch gegessen, aber auch so etwas Deftiges wie Knoblauchwurst kommt gut an.

Fleisch können Sie ganz nach Belieben, Geldbeutel und Anlaß verwenden. Vom gut abgehangenen Rindfleisch, übers magere Kalbfleisch, vom deftigen Schweinenacken bis zum würzigen Hasenfilet, vom zarten Lammfilet bis zu köstlichen Innereien gilt die Devise: erlaubt ist was schmeckt.
Gemüse spielt beim Raclette keine Nebenrolle. Bevor Sie es aber mit dem Käse verschmelzen, sollten Sie es kurz blanchieren. Schneiden Sie das Gemüse stets klein und in dünne Scheiben auf, damit das Garen in den Raclettepfannen nicht zu lang dauert. Nicht daß der Käse schon braun wird, bevor das Gemüse nach Wunsch geraten ist. Auch eingelegtes Gemüse, Mixed Pickles, Gurken und dergleichen sollte immer auf dem Tisch Platz finden.

Fürs Käsefondue wie für Raclette gilt gleichermaßen: Käse macht durstig.

Weißwein ist der ideale Begleiter für Käsegerichte. Den einen schmeckt ein Edelzwicker am besten, die anderen ziehen einen Fendant vor, die dritten schwören auf Frankenwein. Welcher Wein auch immer Ihr Favorit ist, zum Raclette sollte es ein trockener sein. Die echten Raclette-Experten erkennt man allerdings daran, daß sie schwarzen Tee zum Käse bevorzugen.

FONDUE BOURGUIGNONNE

FÜR 4 PERSONEN:

400 g Lammfilet
400 g Rinderfilet
400 g Kalbs- oder Schweinefilet
1 Tasse Olivenöl
2 Knoblauchzehen, 1 TL Salz
1 EL Kräuter der Provence
1 EL Estragon
2 Zwiebeln, 2 Karotten
1 Schale Ratatouille-Sauce
1 Schale Apfel-Meerrettich-Sauce
1 Schale Mango-Curry-Remoulade
1 Schale Chilisauce
Öl oder Pflanzenfett ▼

1. Das Fleisch unter fließendem Wasser abwaschen, trockentupfen und in mundgerechte Würfel oder Scheiben schneiden.
2. 2-3 EL Olivenöl mit den mit Salz zerriebenen Knoblauchzehen verrühren.
3. 2-3 EL Olivenöl mit den Kräutern der Provence und das restliche Öl mit dem Estragon verrühren.
4. Das Lammfilet mit dem Knoblauchöl einstreichen und bereitstellen. Das Rinderfilet mit den Kräutern der Provence einstreichen und das Kalbs- oder Schweinefilet mit dem Estragonöl einstreichen und ebenfalls bereitstellen.
5. Die Zwiebeln schälen und in mundgerechte Würfel schneiden.
6. Die Karotten putzen und in feine Scheibchen schneiden.
7. Die Zutaten alle dekorativ anrichten und mit den verschiedenen Saucen servieren.
8. Das Öl oder Pflanzenfett erhitzen und je nach Geschmack Fleisch und Gemüse darin garen.

APFEL-MEERRETTICH-SAUCE

FÜR 4 PERSONEN:

2 säuerliche Äpfel
Saft von 1 Zitrone
1/2 Flasche Meerrettich-Sauce
Salz, Pfeffer aus der Mühle
1 Prise Zucker ▼

1. Die Äpfel schälen, entkernen, reiben, mit Zitronensaft beträufeln.
2. Mit der Meerrettich-Sauce verrühren, mit Salz, Pfeffer, Zitronensaft und Zucker würzen, anrichten und servieren.

RATATOUILLE-SAUCE

FÜR 4 PERSONEN:

1/2 grüne, 1/2 rote Paprikaschote
1 Zwiebel, 2 Tomaten
1-2 EL Sonnenblumenöl
1/2 Tasse Brühe
Saft von 1/2 Zitrone
1 Tasse Delikateß-Mayonnaise
1-2 EL Tomaten-Ketchup
1 TL Thymian
Salz, Pfeffer aus der Mühle
einige Tropfen Zitronensaft
einige Tropfen Worcestersauce ▼

1. Die Paprikaschoten putzen und würfeln, die Zwiebel fein hacken und beides in Öl glasig schwitzen.
2. Die Tomaten enthäuten, entkernen, würfeln, kurz mitschwitzen.
3. Mit der Brühe auffüllen, 4-5 Minuten köcheln, erkalten lassen.
4. Das Gemüse mit Zitronensaft, Mayonnaise und dem Ketchup verrühren.
5. Mit den Gewürzen, Zitronensaft und Worcestersauce abschmecken und zum Fondue servieren.

MANGO-CURRY-REMOULADE

FÜR 4 PERSONEN:

2 Mangofrüchte, Saft von 1 Zitrone
1 EL Currypulver, 4 cl Mangolikör
1 kleines Glas Remouladensauce
Salz, Pfeffer aus der Mühle ▼

1. Die Mango schälen, das Fruchtfleisch vom Kern lösen und fein würfeln.
2. Mit Zitronensaft beträufeln, mit Currypulver, Mangolikör und der Remoulade vermischen.
3. Mit Salz und Pfeffer würzen, anrichten, ausgarnieren, servieren.

CHILISAUCE

1-2 EL Olivenöl, 1 Zwiebel
1/2 grüne Paprikaschote
1 kleine Peperoni
1/2 Bund Petersilie
einige Tropfen Zitronensaft
einige Tropfen Weißwein
1/2 Flasche Chilisauce ▼

1. Das Öl erhitzen, die gehackte Zwiebel darin glasig schwitzen.
2. Die Paprikaschote putzen, in Würfel schneiden, mit der gehackten Peperoni zur Zwiebel geben.
3. Die gehackte Petersilie untermischen, mit Zitronensaft und Weißwein ablöschen, einmal aufkochen lassen, vom Feuer nehmen und erkalten lassen.
4. Die Chilisauce mit dem Gemüse in einer Schüssel verrühren, nochmals abschmecken, anrichten und servieren.

rettich
uce

FONDUE FÜR DIE DAME

FÜR 4 PERSONEN:
je 150 g Rinder-,Kalbs- und Rehfilet
250 g Hummerkrabbenschwänze
1 Tasse Olivenöl
1 Knoblauchzehe
je 1 TL grüne Pfefferkörner, Majoran, Estragon, Thymian, schwarze Pfefferkörner und Wacholderbeeren
1 Knoblauchzehe
1 TL Kräuter der Provence
Saft von 1/2 Zitrone

AUSSERDEM:
je 1 Schale Kräuterquark, Currysauce, Tomatenjoghurt, Essiggemüse und Weinbrandpreiselbeeren
geriebene Erdnüsse, Öl ▼

1. Die Filets waschen, trockentupfen und würfeln. Die Hummerkrabbenschwänze ebenfalls waschen.
2. Das Öl auf vier Teile aufteilen, einen Teil mit der mit Salz zerriebenen Knoblauchzehe, dem grünen Pfeffer und dem Majoran vermischen und das Rinderfilet einreiben.
3. Den zweiten Teil mit Estragon verrühren, das Kalbsfilet einreiben.
4. Den dritten Teil mit Majoran, Thymian, dem geschroteten schwarzen Pfeffer und Wacholderbeeren vermischen und das Rehfilet einreiben.
5. Den vierten Teil mit der mit Salz zerriebenen Knoblauchzehe, den Kräutern der Provence und dem Zitronensaft vermischen und die Krabben damit einreiben.
6. Mit Kräuterquark, Currysauce, Tomatenjoghurt, Essiggemüse, Weinbrandpreiselbeeren und geriebenen Erdnüssen anrichten.
7. Das Fleisch je nach Geschmack im Fonduetopf garen.

FEINE HACKFLEISCHBÄLLCHEN

FÜR 4 PERSONEN:
800 g gemischtes Hackfleisch
1 in Milch eingeweichtes Brötchen
1 Zwiebel, 2 Knoblauchzehen
1/2 Bund Petersilie, 2-3 Eier
je 1-2 EL mittelscharfen Senf, Curry-Ketchup und geriebenen Meerrettich
Salz, Pfeffer aus der Mühle
1 Prise Cayennepfeffer
1 EL Paprikapulver edelsüß
Öl oder Pflanzenfett

AUSSERDEM:
je 1 Schale Tsatsiki, Schnittlauchquark, Zwiebelrelish und Essiggemüse ▼

1. Das Hackfleisch in eine Schüssel geben, das ausgedrückte Brötchen hacken und zum Fleisch geben.
2. Die geschälte und feingehackte Zwiebel mit den mit Salz zerriebenen Knoblauchzehen und der gehakkten Petersilie zum Fleisch geben.
3. Die Eier, den Senf, den Curry-Ketchup und den Meerrettich dazugeben und alles zu einer kompakten glatten Masse verarbeiten.
4. Die Masse mit Salz, Pfeffer, Cayennepfeffer und Paprikapulver kräftig würzen und je nach Bedarf mit Semmelbröseln binden.
5. Die Hackfleischmasse mit nassen Händen zu Hackfleischbällchen abdrehen und diese bereitstellen. Das Öl oder Pfllanzenfett in einem Fonduetopf erhitzen und mit dem Hackfleisch anrichten.
6. Die Saucen, das Relish und das Essiggemüse dazugeben und das Ganze mit Pellkartoffeln servieren.

KRABBENBÄLLCHEN MIT GRÜNEM PFEFFER

FÜR 4 PERSONEN:
400 g Schweinebauch
400 g Krabben oder Crevettenfleisch
1 Zwiebel, 2 Frühlingszwiebeln
1 Bund Schnittlauch
1-2 EL grüne Pfefferkörner
2 Eier
je 2-3 EL Crème fraîche, Sojasauce und Zitronensaft
1 Tasse Semmelbrösel
Salz, Pfeffer aus der Mühle
1 Prise Ingwerpulver
1 Prise Cayennepfeffer
Öl

AUSSERDEM:
je 1 Schale Sojasauce, Hoisin-Sauce, Austernsauce und süß-saure Tomatensauce ▼

1. Den Schweinebauch und die Krabben oder Crevetten waschen, trockentupfen, den Schweinebauch würfeln, mit dem Krabben- oder Crevettenfleisch durch die feine Scheibe des Fleischwolfs drehen.
2. Die Zwiebel und die Frühlingszwiebeln fein hacken. Mit dem feingeschnittenen Schnittlauch und den grünen Pfefferkörnern, den Eiern, der Crème fraîche, der Sojasauce und dem Zitronensaft zum Fleisch geben und zu einer glatten kompakten Masse verarbeiten.
3. Mit Semmelbröseln binden. Mit Salz, Pfeffer, Ingwerpulver und Cayennepfeffer kräftig würzen.
4. Zu Bällchen abdrehen, das Öl erhitzen und in einem Fonduetopf mit den Krabbenbällchen anrichten.
5. Die Saucen dazugeben und mit Gemüsereis servieren.

KNÖCHERL-FONDUE

FÜR 4 PERSONEN:
2 kg Spareribs
8 Hähnchenflügel
4 Hähnchenkeulen
Salz, Pfeffer aus der Mühle

FÜR DIE GLASUREN:
je 1/2 Tasse Honig, Curry-Ketchup und Essig
je 1 EL Curry, Paprikapulver edelsüß und Kräuter der Provence
2 Knoblauchzehen
1/2 Tasse Ananasmarmelade
1/2 Tasse Obstessig
1 Tasse Tomaten-Ketchup
je 1 TL Curry und Ingwerpulver ▲

AUSSERDEM:
Öl oder Pflanzenfett
je 1 Schale Mangochutney, Remoula-densauce und Essiggemüse ▼

1. Die küchenfertigen Spareribs, die Hähnchenflügel und die Hähnchenkeulen in mundgerechte Stücke hacken bzw. schneiden.
2. Das Ganze mit Salz und Pfeffer aus der Mühle kräftig würzen und dekorativ anrichten.
3. Für die Honigglasur den Honig mit dem Curry-Ketchup, dem Essig, dem Curry, dem Paprikapulver, den Kräutern der Provence und den mit Salz zerriebenen Knoblauchzehen verrühren.
4. Für die Ananasglasur die Ananasmarmelade mit dem Obstessig, dem Tomaten-Ketchup, dem Curry und dem Ingwerpulver glattrühren. Beide Saucen mit Salz und Pfeffer würzen.
5. Das Öl oder Pflanzenfett in einem Fonduetopf erhitzen, mit den Saucen und dem Fleisch dekorativ anrichten.
6. Die Spareribs, die Hähnchenflügel bzw. die Hähnchenkeulen im schwimmenden Fett garen, herausnehmen und je nach Geschmack mit Honig- oder Ananasglasur bestreichen und mit Bratkartoffeln servieren.

KARTOFFELPARTY

FÜR 4 PERSONEN:
1,2 kg kleine festkochende Kartoffeln
Salzwasser
1 EL Kümmel
Öl oder Pflanzenfett

AUSSERDEM:
1 Schale geröstete Speckwürfel
1 Schale Speckzwiebeln
1 Schale Essiggemüse
1 Schale Schnittlauchquark
1 Schale Kaviarcreme
1 Schale Tsatsiki
1 Schale Kräuterbutter
1 Schale Eiercreme
1 Schale gehackte Frühlingszwiebeln
Bauernbrot oder Weißbrot ▼

1. Die Kartoffeln unter fließendem Wasser abwaschen, gut abtropfen lassen und in einen Topf geben.
2. Das Salzwasser mit dem Kümmel angießen und die Kartoffeln bißfest garen, herausnehmen, gut abtropfen lassen und in einer Schüssel auf den Tisch stellen.
3. Das Öl oder Pflanzenfett in einem Fonduetopf erhitzen, mit den Speckwürfeln, den Speckzwiebeln, dem Essiggemüse, dem Schnittlauchquark, der Kaviarcreme, dem Tsatsiki, der Kräuterbutter, der Eiercreme und den Frühlingszwiebeln dekorativ auf einen Tisch stellen.
4. Die Kartoffeln auf Fonduegabeln spießen und im schwimmenden Fett backen, herausnehmen und mit Bauernbrot oder Weißbrot servieren.

WILDSCHÜTZEN-FONDUE

FÜR 4 PERSONEN:
250 g Hirschfilet
250 g Wildschweinbauch
250 g Wildschweinfilet
4 Entenbrustfilets
1 Tasse Olivenöl
1 TL Kräuter der Provence
1 EL Wacholderbeeren
1 TL Pfefferkörner
Öl oder Pflanzenfett
1 Schale Weinbrandpreiselbeeren
1 Schale Cocktail-Sauce
1 Schale Sahne-Meerrettich
1 Schale Dillcreme ▼

1. Das Hirschfilet, den Wildschweinbauch, das Wildschweinfilet und die Entenbrustfilets unter fließendem Wasser abwaschen, trockentupfen und anschließend das Ganze in mundgerechte Stücke schneiden.
2. Das Olivenöl mit den Kräutern der Provence, den geschroteten Wacholderbeeren und Pfefferkörnern vermischen und das Fleisch damit einreiben.
3. Das Fleisch dekorativ anrichten, das Öl oder Pflanzenfett in einem Fonduetopf erhitzen.
4. Das Fleisch mit den Weinbrandpreiselbeeren, der Cocktail-Sauce, dem Sahne-Meerrettich und der Dillcreme dekorativ anrichten und im schwimmenden Fett das Fleisch garen.
5. Zum Wildschützen-Fondue serviert man Buttergemüse und gemischte Salate sowie kleine Kartoffeln zum Fritieren.

WÜRSTEL-FONDUE

FÜR 4 PERSONEN:
2 Paar Nürnberger Bratwürste
2 Kalbsbratwürste
2 Rindsbratwürste
2 Wiener Würstchen
2 Regensburger
2 Debrecziner
Öl oder Pflanzenfett
1 Schale süßen Senf
1 Schale mittelscharfen Senf
1 Schale Meerrettich
1 Schale Zwiebelrelish
1 Schale Paprikarelish
1 Schale Curry-Ketchup ▼

1. Die verschiedenen Würstchen in mundgerechte Stücke schneiden und dekorativ anrichten.
2. Das Öl oder Pflanzenfett in einem Fonduetopf erhitzen und mit den Würstchen, dem süßen und dem mittelscharfen Senf, dem Meerrettich, dem Zwiebel- und dem Paprikarelish sowie dem Curry-Ketchup dekorativ auf den Tisch stellen.
3. Die Würstchen im schwimmenden Fett garen und das Ganze mit Röstkartoffeln und Kopfsalat mit French Dressing servieren.

SCHAFHIRTEN-FONDUE

FÜR 4 PERSONEN:
8 kleine Lammchops
400 g Lammfilet
4 Lammnierchen
1 Tasse Olivenöl
4 Knoblauchzehen
1 TL Salz
1 EL Rosmarin
1 EL Thymian
1 EL geriebene Pfefferminze
Öl oder Pflanzenfett

AUSSERDEM:
1 Schale Pfefferminzsauce
1 Schale Kräuterpesto
1 Schale Mintrelish
1 Schale Zwiebelrelish ▼

1. Die Lammchops, die Lammfilets und die Lammnierchen unter fließendem Wasser abwaschen, trockentupfen und in mundgerechte Stücke schneiden.
2. Das Olivenöl mit den mit Salz zerriebenen Knoblauchzehen, dem Rosmarin, dem Thymian und der Pfefferminze vermischen und das Lammfleisch damit einreiben.
3. Das Fleisch dekorativ anrichten und das Öl oder Pflanzenfett in einem Fonduetopf erhitzen.
4. Fonduetopf, Fleisch, Pfefferminzsauce, Kräuterpesto, Mintrelish und Zwiebelrelish dekorativ anrichten.
5. Zum Schafhirten-Fondue serviert man einen Kartoffelauflauf und einen griechischen Bauernsalat.

FONDUE VON GEBEIZTEM FILET

FÜR 4 PERSONEN:
je 200 g Rinderfilet, Schweinenacken, Lammfilet und Wildschweinbauch

FÜR DIE BEIZE:
1/2 l Rotwein
1/2 Tasse Rotweinessig
1 Zwiebel, 2 Lorbeerblätter
einige Nelken und Pfefferkörner
2 EL Senfkörner, 2 Zimtstangen
je 1 Zweig Rosmarin, Thymian und Oregano
Öl oder Pflanzenfett

AUSSERDEM:
je 1 Schale Apfelrelish, Meerrettichsauce, Eier- und Schnittlauchsauce
Essiggemüse
Rote Bete-Salat ▼

1. Das Rinderfilet, den Schweinenacken, das Lammfilet und den Wildschweinbauch waschen, trockentupfen und in Stücke schneiden.
2. Für die Beize den Rotwein mit dem Rotweinessig in einen Topf geben und zum Kochen bringen.
3. Die geviertelte Zwiebel mit den Lorbeerblättern und den restlichen Gewürzen in den Sud geben, kurz erhitzen, vom Feuer nehmen und vollständig erkalten lassen.
4. Das Fleisch in einen Topf geben, mit dem Sud übergießen und 2-3 Tage durchziehen lassen.
5. Das Öl erhitzen, mit dem Apfelrelish, den Saucen, dem Essiggemüse sowie dem Rote Bete-Salat und dem Fleisch dekorativ anrichten.
6. Das Fleisch im schwimmenden Fett garen und zum Fondue Butterkartoffeln und gemischten Salat servieren.

FONDUE VOM FEINSTEN

FÜR 4 PERSONEN:
200 g Rinderfilet
200 g Schweinefilet
200 g Kalbsfilet
200 g Putenbrustfilet
200 g Hähnchenbrustfilet
Öl oder Pflanzenfett

AUSSERDEM:
1 Schale Cocktailsauce
1 Schale Schnittlauchsauce
1 Schale Eiersauce
1 Schale Kaviarsauce
1 Schale Weinbrandpreiselbeeren
1 Schale Currysauce
1 Schale Essiggemüse
1 Schale gemahlene Nüsse ▼

1. Die verschiedenen Filetsorten unter fließendem Wasser abwaschen, trockentupfen und in mundgerechte Würfel oder Streifen schneiden.
2. Das Fleisch dekorativ anrichten, das Öl oder Pflanzenfett in einem Fonduetopf erhitzen.
3. Fleisch und Fett mit der Cocktailsauce, der Schnittlauchsauce, der Eiersauce, der Kaviarsauce, den Weinbrandpreiselbeeren und der Currysauce sowie dem Essiggemüse und den Nüssen dekorativ auf einem Tisch anrichten.
4. Zum Fondue vom Feinsten serviert man französisches Stangenweißbrot und einen gemischten Salat mit Sahne-Dressing.

SESAMBÄLLCHEN

FÜR 4 PERSONEN:

400 g Rinderhack
400 g Schweinehack
50 g durchw. geräucherten Speck
1 Zwiebel
1-2 EL Butter oder Margarine
1 in Milch eingeweichtes Brötchen
2 Eier, 1 EL grüne Pfefferkörner
1 Bund Schnittlauch
1 EL Majoran, 2 cl Weinbrand
Salz, Pfeffer aus der Mühle
1 Prise Cayennepfeffer
2 Tassen Sesamsamen
Öl oder Pflanzenfett
je 1 Schale Knoblauchquark, Tsatsiki, Kräutercreme und Eiersauce ▲

1. Das Rinder- und Schweinehack in eine Schüssel geben.
2. Den in sehr feine Würfel geschnittenen Speck mit der gehackten Zwiebel und der Butter oder Margarine in eine Pfanne geben und auslassen.
3. Die Speckzwiebeln mit dem gut ausgedrückten und gehackten Brötchen, den Eiern, den grünen Pfefferkörnern, dem feingeschnittenen Schnittlauch, dem Majoran und dem Weinbrand zum Hackfleisch geben und alles zu einer glatten kompakten Masse verarbeiten.
4. Die Masse mit Salz, Pfeffer sowie Cayennepfeffer kräftig würzen und mit feuchten zu Bällchen abdrehen.
5. Die Hackfleischbällchen in den Sesamsamen wenden und das Ganze dekorativ anrichten.
6. Das Öl oder Pflanzenfett in einem Fonduetopf erhitzen, mit den Sesambällchen, dem Knoblauchquark, dem Tsatsiki, der Kräutercreme und der Eiersauce dekorativ auf einem Tisch anrichten.
7. Zu den Sesambällchen serviert man gemischten Salat und ein Gemüserisotto.

BLUMENKOHLRÖSCHEN IM MANTEL

FÜR 4 PERSONEN:

2 kg Blumenkohl
Gemüsebrühe zum Blanchieren

FÜR DEN TEIG:

90 g Butterschmalz, 375 g Mehl
3/4 l helles Bier
1 Prise Cayennepfeffer
1 Prise Muskatpulver
6 Eiweiß, Salz und Pfeffer

AUSSERDEM:

1 kg Butterschmalz
Kräuter-Dip, Butterkartoffeln ▼

1. Die Blumenkohlröschen waschen und in der Brühe bißfest garen.
2. Das Schmalz zerlassen, mit dem Mehl und dem Bier glattrühren.
3. Abschmecken und das steifgeschlagene Eiweiß darunterziehen.
4. Das Schmalz erhitzen und im Fonduetopf mit den Blumenkohlröschen, dem Teig und Butterkartoffeln servieren, die Blumenkohlröschen durch den Teig ziehen, im schwimmenden Fett garen.
(Foto)

KRAÜTER-DIP

FÜR 2 PERSONEN:

400 g Frischkäse
3 Becher Joghurt
1 rote Paprikaschote, 1 Zwiebel
1 1/2 Tassen gemischte Kräuter
einige Tropfen Zitronensaft, Worcestersauce und Weißwein
1-2 EL mittelscharfen Senf
Salz, Pfeffer aus der Mühle
1 Prise Zucker ▲

1. Den Frischkäse mit dem Joghurt glattrühren.
2. Die Paprikaschote halbieren, entkernen, waschen, abtropfen lassen und in feine Würfel schneiden.
3. Die Zwiebel fein hacken, mit den Paprikawürfeln und den gehackten Kräutern unter den Dip rühren.
4. Den Dip mit Zitronensaft, Worcestersauce, Senf, Salz und Pfeffer und Zucker sowie etwas Weißwein kräftig abschmecken, anrichten, servieren.

FEIERTAGSFONDUE

FÜR 4 PERSONEN:

je 200 g Rinderfilet,Schweinefilet, Kalbsfilet, Hähnchenbrustfilet, Hirschrückenfilet und Garnelenschwänze
1 Tasse Olivenöl
1 Knoblauchzehe, 1 TL Salz
1 EL grüne Pfefferkörner
1 EL Kräuter der Provence
2 EL Sojasauce
Öl oder Pflanzenfett
je 1 Schale Cocktailsauce, Eiersau-ce, Senfsauce, Kräutersauce, Weinbrandpreiselbeeren und gehackte Nüsse
French-Brot, gemischten Salat ▼

1. Das Fleisch waschen, trockentupfen, würfeln und anrichten. Die Garnelen waschen, abtropfen lassen.
3. Das Öl mit der mit Salz zerriebenen Knoblauchzehe, dem Pfeffer, den Kräutern und der Sojasauce verrühren, Fleisch und Garnelen einstreichen, 30 Minuten ziehen lassen.
4. Das Öl erhitzen, im Fonduetopf mit dem Fleisch, den Garnelen, den Saucen, den Preiselbeeren, den Nüssen, dem Brot und dem Salat servieren.
5. Das Fleisch und die Garnelen auf Spieße stecken und im Fett garen.

BAUERNFONDUE

FÜR 4 PERSONEN:

je 300 g Schweinenackenfilet, Lammrückenfilet, Pfefferbeißer oder Landjäger und Bratwürstchen
1 Tasse Olivenöl
2 Knoblauchzehen
je1 TL Salz, Majoran und Thymian
1 EL geriebene Zitronenschale
1 Msp. Kümmelpulver

AUSSERDEM:

Öl oder Pflanzenfett
je1 Schale Kräutersenf, Meerrettichsauce und Kräuter-Dip
Essiggurken
milchsauer eingelegtes Gemüse
Bauernbrot oder Brezeln ▼

1. Die Schweinenackenfilets und die Lammrückenfilets waschen, abtropfen lassen und in mundgerechte Würfel oder Streifen schneiden.
2. Die Pfefferbeißer oder Landjäger sowie die Bratwürstchen in mundgerechte Stücke schneiden.
3. Das Olivenöl mit den mit Salz zerriebenen Knoblauchzehen, den Gewürzen und der Zitronenschale verrühren und das Fleisch damit einstreichen, im Kühlschrank 30 Minuten ziehen lassen.
4. Anschließend das Öl in einem Topf erhitzen und im Fonduetopf mit dem Fleisch, den Würstchen und den Saucen, den Essiggurken, dem milchsauer eingelegten Gemüse und dem Brot servieren.
5. Das Fleisch und die Würstchen abwechselnd auf Spieße stecken und im schwimmenden Fett garen.

KARTOFFELFONDUE

FÜR 4 PERSONEN:
1 kg kleine Kartoffeln
2 Lorbeerblätter
1 EL Kümmel
1 Zweig Rosmarin
1 Zweig Thymian

AUSSERDEM:
500 g Joghurt-Salat-Creme
1 Becher Joghurt
1 hartgekochtes Ei
1 Bund Radieschen
1 Glas Kapern
1 Kästchen Kresse
1 Bund Basilikum
Salz, Pfeffer aus der Mühle
1 Prise Cayennepfeffer
1 Prise Zucker
einige Tropfen Zitronensaft
einige Tropfen Worcestersauce
nach Geschmack einige Tropfen Weinbrand oder Likör
Öl oder Pflanzenfett ▼

1. Die Kartoffeln waschen und mit dem Salzwasser in einen Topf geben.
2. Die Lorbeerblätter, den Kümmel, den Rosmarin und den Thymian dazugeben, die Kartoffeln bißfest garen.
3. Die Joghurt-Salat-Creme in einer Schüssel mit dem Joghurt glattrühren.
4. Das Ei schälen und sehr fein hacken, die Radieschen putzen und in feine Scheibchen schneiden.
5. Die Kapern abtropfen lassen, die Kresse und das Basilikum verlesen, waschen und fein hacken.
6. Die Creme in fünf Teile teilen und das Ei, die Radieschen, die Kapern, die Kresse und das Basilikum in je ein Fünftel Sauce einrühren.
7. Mit Salz, Pfeffer, Cayennepfeffer, Zucker, Zitronensaft, Worcestersauce, Weinbrand oder Likör abschmecken.
8. Die Kartoffeln abgießen, schälen und mit den Saucen anrichten.
9. Das Öl oder Fett erhitzen und im Fonduetopf servieren. Die Kartoffeln im schwimmenden Fett garen.
(Foto)

GEFLÜGELFONDUE

FÜR 4 PERSONEN:
2 Hähnchenbrustfilets
2 Entenbrustfilets
2 Putenschnitzel à 200 g
100 g frische Champignons
Saft von 1 Zitrone
100 g Broccoliröschen
100 g Blumenkohlröschen
100 g Karotten
100 g Frühlingszwiebeln
Gemüsebrühe zum Blanchieren
Salz, Pfeffer aus der Mühle

AUSSERDEM:
Öl oder Pflanzenfett
verschiedene Fonduesaucen und Dips
französisches Stangenweißbrot ▼

1. Die Hähnchen- und Entenbrustfilets sowie die Putenschnitzel waschen, trockentupfen und in mundgerechte Würfel oder Streifen schneiden.
2. Die Champignons putzen, waschen und mit Zitronensaft beträufeln.
3. Die Broccoliröschen, die Blumenkohlröschen und die Karotten putzen, in mundgerechte Stücke schneiden, die Frühlingszwiebeln ebenfalls putzen, waschen und schneiden.
4. Die Brühe erhitzen und das Gemüse darin einzeln bißfest garen, herausnehmen und mit dem Fleisch dekorativ anrichten.
5. Das Gemüse mit Salz und Pfeffer würzen, das Öl oder Fett in einem Topf erhitzen und im Fonduetopf mit den restlichen Zutaten anrichten.
6. Dazu die Fonduesaucen und Dips mit dem Weißbrot reichen.
7. Das Fleisch und das Gemüse abwechselnd auf Spieße stecken und im schwimmenden Fett garen.

RINDFLEISCHFONDUE

FÜR 4 PERSONEN:
300 g Rinderfilet
300 g Rinderherz
300 g Rinder- oder Kalbsleber
300 g Rinder- oder Kalbsrücken
200 g Karotten
200 g Sellerie
200 g Schalotten
200 g Lauch
Gemüsebrühe zum Blanchieren

AUSSERDEM:
Öl oder Pflanzenfett
1 Schale Kräuterölsauce
1 Schale Meerrettichsauce
1 Schale Knoblauchsauce
1 Schale gehackte Nüsse
1 Schale Weinbrandpreiselbeeren
Stangenweißbrot oder frische Brezeln ▼

1. Das Rinderfilet und das Rinderherz waschen, abtropfen lassen und in mundgerechte Würfel oder Streifen schneiden.
2. Die Rinder- oder Kalbsleber enthäuten, waschen, abtropfen lassen und ebenfalls in Stücke schneiden.
3. Den Rind- oder Kalbsrücken ebenfalls vorbereiten und in mundgerechte Stücke schneiden.

4. Das Gemüse putzen, die Karotten und den Sellerie in mundgerechte Würfel schneiden.
5. Die Schalotten halbieren oder vierteln und den Lauch in 2 cm große Stücke schneiden.
6. Das Gemüse in der Gemüsebrühe kurz blanchieren, herausnehmen und abtropfen lassen.
7. Das Fleisch und das Gemüse dekorativ anrichten, mit dem erhitzten Öl, den Gewürzsaucen, den Nüssen und den Preiselbeeren auf dem Tisch anrichten.
8. Das Fleisch im schwimmenden Fett garen und Stangenweißbrot oder frische Brezeln dazu reichen.

HUBERTUSFONDUE

FÜR 4 PERSONEN:

je 300 g Rehrückenfilet, Hirschrückenfilet, Wildschweinfilet und Wildentenbrustfilet
1 EL Pfefferkörner
1 EL Wacholderbeeren
2 Lorbeerblätter
einige Tropfen Weinbrand, Worcestersauce, Orangensaft und Orangenlikör
400 g gemischte Pilze
Öl oder Pflanzenfett
Preiselbeer-Orangen-Sauce
Cocktailsauce, Edelpilzsauce und Kräutersauce
Weißbrot oder Bauernbrot ▲

1. Das Fleisch waschen, trockentupfen, in mundgerechte Würfel oder Scheibchen schneiden und anrichten.
2. Die Pfefferkörner, die Wacholderbeeren und die Lorbeerblätter im Mörser zerreiben und das Fleisch damit bestreuen.
3. Das Fleisch mit Weinbrand, Worcestersauce, Orangensaft und Orangenlikör beträufeln und mindestens 3-4 Stunden ziehen lassen.
4. Die Pilze verlesen, waschen, abtropfen lassen und mit dem Fleisch dekorativ anrichten.
5. Das Öl oder Fett erhitzen, im Fonduetopf mit dem Fleisch, den Saucen und dem Brot servieren. Das Fleisch abwechselnd mit den Pilzen auf Spieße stecken und im schwimmenden Fett garen.

GEMÜSEFONDUE IN WEINTEIG

FÜR 4 PERSONEN:
16 kleine Kartoffeln
500 g Broccoliröschen
2 rote Paprikaschoten
250 g Schalotten, 500 g Zucchini
Gemüsebrühe zum Blanchieren

FÜR DEN TEIG:
150 g Mehl, 30 g flüssige Butter
150 ml Weißwein
Salz, Pfeffer aus der Mühle
1 Prise Muskatpulver
1 Prise Cayennepfeffer
2 Eiweiß, 1,5 l Öl oder Pflanzenfett
versch. Fonduesaucen und Dips ▲

1. Die Kartoffeln waschen und in Salzwasser bißfest garen.
2. Die Broccoliröschen, Paprikaschoten, Schalotten und Zucchini putzen und würfeln.
3. Die Brühe erhitzen und das Gemüse portionsweise bißfest garen, herausnehmen und bereitstellen.
4. Die Kartoffeln schälen.
5. Das Mehl mit der flüssigen Butter und dem Weißwein glattrühren.
6. Mit Salz, Pfeffer, Muskat und Cayennepfeffer würzen, das steifgeschlagene Eiweiß unterheben.
7. Das Pflanzenfett erhitzen und im Fonduetopf servieren, die Fonduesaucen und Dips dazu reichen.
9. Das Gemüse portionsweise auf Spieße stecken, durch den Teig ziehen, im schwimmenden Öl garen.

KRÄUTERCREME

FÜR 4 PERSONEN:
100 g Joghurt-Salat-Creme
1/2 Tasse Remouladen-Sauce
1 Tasse gemischte Kräuter
einige Tropfen Zitronensaft
einige Tropfen Worcestersauce
Salz, Pfeffer aus der Mühle
1 Prise Cayennepfeffer
1 Prise Zucker ▼

1. Die Joghurt-Salat-Creme mit der Remouladen-Sauce und den Kräutern in eine Schüssel geben und verrühren.
2. Mit Zitronensaft, Worcestersauce, Salz, Pfeffer, Cayennepfeffer und Zucker abschmecken, anrichten und servieren.

SARDELLEN-KAPERN-SAUCE

FÜR 4 PERSONEN:

1 Gläschen Kapern
1 Gläschen Sardellenfilets
1/2 Bund gehackte Petersilie
1 Glas Delikateß-Mayonnaise
einige Tropfen Zitronensaft
Salz, Pfeffer aus der Mühle
1 Prise Zucker

1. Die Kapern und die Sardellenfilets abtropfen lassen und hacken.
2. Die Petersilie mit den Sardellen und Kapern unter die Mayonnaise ziehen, mit Zitronensaft, Salz, Pfeffer und Zucker abschmecken, anrichten und servieren.

SCHMALZ-GEMÜSE-PLATTE

FÜR 4 PERSONEN:

je 250 g Zucchini, Broccoliröschen und Karotten
Gemüsebrühe zum Blanchieren
200 g frische Champignons
Saft von 1 Zitrone
Salz, Pfeffer aus der Mühle

FÜR DEN TEIG:

125 g Mehl, 2 Eigelb
1/8 l Bier
1 Prise Muskatpulver, 2 Eiweiß
500 g Butterschmalz
verschiedene Fonduesaucen und Dips

1. Die Zucchini, Broccoliröschen und Karotten putzen und in mundgerechte Stücke schneiden.
2. Die Brühe zum Kochen bringen, das Gemüse bißfest garen, herausnehmen und gut abtropfen lassen.
3. Die Champignons putzen und mit Zitronensaft beträufeln. Das Gemüse mit Salz und Pfeffer würzen.
4. Das Mehl mit Eigelb und Bier glattrühren, mit Salz, Pfeffer und Muskat würzen und das steifgeschlagene Eiweiß unterheben.
5. Das Schmalz erhitzen und in einem Fonduetopf anrichten.
6. Das Gemüse und den Teig dazugeben, die Saucen und Dips anrichten.
7. Das Gemüse auf Spieße stecken, portionsweise durch den Teig ziehen und goldgelb ausbacken.

FONDUE CHINOISE

FÜR 4 PERSONEN:

1,2 kg Rinderfilet
100 g Chinakohl
100 g Mangold
100 g Sojasprossenkeimlinge
100 g Bambussprossen
100 g Erbsen (TK-Produkt)
100 g Fenchel
200 g gekochte Glasnudeln

AUSSERDEM:

1 1/2 l Gemüsebrühe
2 Karotten
2 Frühlingszwiebeln
1 Stück Stangensellerie
1 Stück Ingwerwurzel
1 Stück Zitronengras
2 Knoblauchzehen
1 Schale Ingwersauce
1 Schale Schwarze-Pfeffer-Sauce
1 Schale Sesamsauce
1 Schale Teufelssauce
versch. chinesische Saucen und Dips
1 große Schale Reis ▼

1. Das Rinderfilet waschen, gut abtropfen lassen und in Scheibchen oder Streifen schneiden.
2. Den Chinakohl und den Mangold verlesen, waschen, abtropfen lassen, in mundgerechte Stücke zerpflücken.
3. Die Sojasprossenkeimlinge und Bambussprossen waschen und in Streifen schneiden, die Erbsen auftauen lassen.
4. Den Fenchel in feine Streifen schneiden. Das Gemüse und das Fleisch mit den Glasnudeln anrichten.
5. Die Gemüsebrühe in einen Topf geben und zum Kochen bringen.
6. Die Karotten, die Frühlingszwiebeln und den Sellerie putzen, in Streifen schneiden, in die Gemüsebrühe geben und kurz ziehen lassen.
7. Die Ingwerwurzel fein reiben, mit dem gehackten Zitronengras und den gehackten Knoblauchzehen in der Brühe 5 Minuten ziehen lassen.
8. Die Brühe anrichten, die Ingwersauce, die Schwarze-Pfeffer-Sauce, die Sesamsauce, die Teufelssauce, das Fleisch und Gemüse sowie die verschiedenen chinesischen Saucen und Dips anrichten und servieren.
9. Das Fleisch und das Gemüse in Garkörbchen geben und in der Brühe garen, mit dem Reis servieren. (Foto)

SESAMSAUCE

FÜR 4 PERSONEN:

1 Glas Delikateß-Mayonnaise
1 Becher Joghurt
2 EL Orangengelee
4 cl Orangenlikör
2-3 EL Sojasauce
2-3 EL geröstete Sesamkörner
1/2 Bund Schnittlauch
Salz, Pfeffer aus der Mühle
1 Prise Zucker
1 Prise Cayennepfeffer ▼

1. Die Mayonnaise mit dem Joghurt, dem Orangengelee und dem Orangenlikör sowie der Sojasauce in eine Schüssel geben und glattrühren.
2. Die gerösteten Sesamkörner mit dem feingeschnittenen Schnittlauch unter die Sauce heben, mit Salz, Pfeffer, Zucker und Cayennepfeffer abschmecken, anrichten und servieren.

INGWERSAUCE

FÜR 4 PERSONEN:

2 in Sirup eingelegte Ingwernüsse
1 Stück Ingwerwurzel
1 Stück Zitronengras
1 Glas Delikateß-Mayonnaise
1 Schuß Reiswein oder Sherry
Salz, Pfeffer aus der Mühle
1 Prise Cayennepfeffer ▼

1. Die Ingwernüsse sehr fein hacken, die Ingwerwurzel fein reiben und das Zitronengras fein hacken.
2. Die Zutaten mit der Delikateß-Mayonnaise und dem Reiswein oder Sherry verrühren.
3. Mit Salz, Pfeffer und Cayennepfeffer kräftig abschmecken, anrichten und servieren.

SCHWARZE PFEFFER-SAUCE

FÜR 4 PERSONEN:

2 EL schwarze Pfefferkörner
4 cl Weinbrand
2 EL Honig
1/2 Tasse Sojasauce
1/2 Flasche Schwarze Pfeffersauce
Salz, Pfeffer aus der Mühle
1 Bund Dill ▼

1. Die Pfefferkörner im Mörser zerreiben, mit dem Weinbrand, dem Honig, der Sojasauce zur Schwarzen-Pfeffer-Sauce geben und alles miteinander verrühren.
2. Mit Salz und Pfeffer kräftig würzen und den verlesenen und feingehackten Dill untermischen, anrichten, ausgarnieren und servieren.

BUNTER MONGOLENTOPF

FÜR 4 PERSONEN:

je 100 g Mangold, Chinakohl, Karotten, Frühlingszwiebeln und Sojabohnenkeimlinge
2 Entenbrustfilets
je 100 g Kalbsleber, Kalbsnierchen und Crevetten
200 g gekochte Reisnudeln
50 g eingeweichte chinesische Pilze
1 l Hühnerbrühe
1 Tasse Sojasauce
1 Knoblauchzehe
1 Stück Ingwerwurzel
je 1 Schale Soja-, Austern- und Hoisin-Sauce

1. Den Mangold, den Chinakohl, die Karotten, die Frühlingszwiebeln und die Sojabohnenkeimlinge putzen und in sehr feine Streifen schneiden.
2. Die Entenbrustfilets, die Kalbsleber und die Kalbsnierchen waschen, trockentupfen und in hauchdünne Scheibchen oder Streifen schneiden.
3. Die Crevetten unter fließendem Wasser abwaschen, trockentupfen und mit den restlichen Zutaten, den Reisnudeln und den in Streifen geschnittenen Pilzen anrichten.
4. Die Hühnerbrühe mit der Sojasauce, der geschälten und gehackten Knoblauchzehe und der geriebenen Ingwerwurzel in einen Topf geben und zum Kochen bringen.
5. Den Sud in den Mongolentopf geben, mit den restlichen Zutaten, der Sojasauce, der Austernsauce und der Hoisin-Sauce auf einen Tisch stellen.
6. Zum Mongolentopf serviert man gedämpften Reis. Für die Zubereitung je nach Geschmack einige Zutaten in Garkörbchen geben und diese in der Brühe erhitzen.

FEINES WEIN-FONDUE

FÜR 4 PERSONEN:

je 200 g Hähnchenbrust-, Rinder-, Kalbs- und Schweinefilet
200 g Kalbsleber
4 Frühlingszwiebeln
2 Karotten
100 g frische Champignons
Saft von 1/2 Zitrone
je 100 g Sojabohnenkeimlinge, Ananasstückchen und Paprikaschoten
1/4 l Weißwein
1/2 l Gemüse- oder Fleischbrühe
1 Lorbeerblatt, einige Nelken
je 1 Zweig Rosmarin und Thymian
1 Msp. Muskatpulver
je 1 Schale Kräutermayonnaise, Apfelrelish, Kräuterbutter und Hollandaise

1. Das Fleisch waschen, trockentupfen, würfeln und anrichten.
2. Die Frühlingszwiebeln putzen und in mundgerechte Stücke schneiden. Die Karotten schälen und in feine Scheibchen oder Streifen schneiden.
3. Die Champignons putzen, waschen, mit Zitronensaft beträufeln.
4. Die Sojabohnenkeimlinge waschen, mit dem restlichen Gemüse, den Ananasstückchen und den Paprikawürfeln zum Fleisch geben und alles auf einen Tisch stellen.
5. Für den Sud den Weißwein und die Brühe mit dem Lorbeerblatt, den Nelken, den Kräuterzweigen und dem Muskat zum Kochen bringen und 4-5 Minuten köcheln lassen.
6. Den Sud in einen Fonduetopf geben, mit der Kräutermayonnaise, dem Apfelrelish, der Kräuterbutter und der Hollandaise zu den restlichen Zutaten stellen.
7. Das Fleisch und Gemüse in Garkörbchen geben, im Weinsud garen, mit Weißbrot und Salat servieren.

EINFACHES FISCH-FONDUE

FÜR 4 PERSONEN:

je 400 g Lachsfilet, Seehecht und Garnelenfleisch
Saft von 2 Zitronen
1/2 Tasse Estragonessig
200 g Sojasprossenkeimlinge
200 g Bambussprossen
1 l Gemüsebrühe
2 Lorbeerblätter
2 EL Senfkörner
einige Wacholderbeeren
einige Pfefferkörner
1 Bund Dill
Salz, Pfeffer aus der Mühle
1 Prise Cayennepfeffer
1 Prise Safran
einige Tropfen Zitronensaft
einige Tropfen Worcestersauce
je 1 Schale Senfsauce, Dillcreme, Eiersauce, Sahnemeerrettich und Hollandaise

1. Die Fischfilets waschen, trockentupfen, in Würfel schneiden, mit Zitronensaft und Estragonessig beträufeln und anrichten.
2. Die Sojasprossenkeimlinge waschen, gut abtropfen lassen, die Bambussprossen in feine Streifen schneiden und zum Fisch geben.
3. Die Gemüsebrühe mit den Gewürzen und dem zerpflückten Dill zum Kochen bringen und abschmecken.
4. Die Brühe in einen Fonduetopf geben, mit der Senfsauce, der Dillcreme, der Eiersauce, dem Sahnemeerrettich und der Hollandaise sowie den restlichen Zutaten dekorativ auf einen Tisch stellen.
5. Die Zutaten abwechselnd in Garkörbchen geben, im Sud erhitzen und mit Reis servieren.

FEUERFONDUE

FÜR 4 PERSONEN:

2 Debrecziner
200 g Rinderfilet
200 g Roastbeef
200 g Hähnchenbrustfilet
200 g Schweinefilet

FÜR DEN SUD:

1/2 l Sangrita pikante
1/4 l Fleischbrühe
1 Chilischote, 1 Knoblauchzehe
2 Karotten, 1 Stück Sellerie
1 kleine Stange Lauch
1 Schale Chilisauce
1 Schale Meerrettich
1 Schale Pfeffersauce
1 Schale Cocktailsauce

1. Die Debrecziner würfeln, das Rinderfilet, das Roastbeef, das Hähnchenbrustfilet und das Schweinefilet unter fließendem Wasser waschen, trockentupfen und in mundgerechte Würfel oder Streifen schneiden.
2. Das Fleisch dekorativ anrichten, den Sangrita pikante und die Fleischbrühe in einen Topf geben und zum Kochen bringen.
3. Die Chilischote, die geschälte Knoblauchzehe, die geputzten Karotten, den Sellerie und den Lauch in feine Würfel oder Streifen schneiden und alles in die Brühe geben. Bei mäßiger Hitze 4-5 Minuten köcheln lassen.
4. Die Brühe in einen Fonduetopf geben, mit dem Fleisch, der Chilisauce, dem Meerrettich, der Pfeffersauce und der Cocktailsauce dekorativ anrichten.
5. Das Fleisch in Garkörbchen geben oder auf Fonduegabeln stecken und in der Brühe garen.
6. Dazu reicht man Folienkartoffeln mit Sauerrahm-Dip und gemischten Salat.

FISCHFONDUE FÜR FEINSCHMECKER

FÜR 4 PERSONEN:
200 g frischen Aal
200 g Seezungenfilet
200 g Loup de Mere
200 g Seehechtfilet
200 g Haifischfilet
200 g Heilbuttfilet
Saft von 2 Zitronen
einige Tropfen Worcestersauce
einige Tropfen Weißwein
1/2 Bund Dill
1/2 Bund Petersilie
Salz, Pfeffer aus der Mühle
200 g Karotten
200 g Sellerie
200 g Frühlingszwiebeln
200 g Lauch
Gemüse- oder Fischbrühe

AUSSERDEM:
1 1/2 l Fischbrühe
1 Tasse Obstessig
1/4 l Weißwein
2 Lorbeerblätter
2 mit Nelken gespickte Zwiebeln
einige Pfefferkörner
einige Wacholderbeeren
verschiedene Fonduesaucen und Dips
Stangenweißbrot
gemischten Salat ▼

1. Die Fischfilets waschen, abtropfen lassen und in Würfel schneiden.
2. Die Fischwürfel anrichten, mit Zitronensaft, Worcestersauce und Weißwein beträufeln.
3. Den Dill und die Petersilie fein hacken und auf die Fischwürfel streuen, mit Salz und Pfeffer würzen.
4. Die Karotten, den Sellerie, die Frühlingszwiebeln und den Lauch würfeln und in Brühe bißfest garen.
5. Die Fischbrühe mit dem Essig und dem Weißwein in einen Topf geben.
6. Die Lorbeerblätter, die gespickte Zwiebel, den Pfeffer und die Wacholderbeeren dazugeben, bei mäßiger Hitze 5-6 Minuten köcheln lassen.
7. Die Brühe in einem Fonduetopf anrichten, die Fischwürfel, die Fonduesaucen und Dips, das Weißbrot und den Salat dazu servieren.
8. Die Fischwürfel mit dem Gemüse in Garkörbchen legen und in der Brühe garziehen lassen.

TEUFELSSAUCE

FÜR 4 PERSONEN:
1 Zwiebel
1 rote Paprikaschote
1 Peperoni
2 Knoblauchzehen
1 TL Salz
2 Tomaten
1-2 EL Olivenöl
1/2 Flasche Teufels-Sauce
Saft von 1 Orange
Salz, Pfeffer aus der Mühle
1 Prise Zucker
1 Prise Cayennepfeffer ▼

1. Die Zwiebel schälen, fein hacken, die Paprikaschote halbieren, entkernen und in Würfel schneiden.
2. Die Peperoni und die Knoblauchzehen hacken und mit Salz zu einer Paste zerreiben.
3. Die Tomaten enthäuten, entkernen und in Würfel schneiden.
4. Das Öl erhitzen, die Zwiebeln, die Paprikaschoten, die Peperoni und den Knoblauch glasig schwitzen.
5. Die Tomatenwürfel mit der Teufels-Sauce angießen, den Orangensaft untermischen und einmal aufkochen lassen.
6. Die Teufelssauce vom Feuer nehmen, erkalten lassen, mit Salz, Pfeffer, Zucker und Cayennepfeffer kräftig abschmecken, anrichten und servieren.

VEGETARISCHES FONDUE

FÜR 4 PERSONEN:
250 g Broccoliröschen
250 g Rosenkohlröschen
300 g Möhren
300 g Maiskolben
250 g grüne Bohnen
250 g Auberginen
1 EL Salz

FÜR DIE BRÜHE:
1-2 EL Olivenöl
2 Knoblauchzehen
1 TL Salz
1 Bund Frühlingszwiebeln
1 Stück Ingwerwurzel
1 TL Koriander
1 TL Anis
1 Tasse Reiswein
1/2 Tasse Sojasauce
1 1/2 l Gemüsebrühe

FÜR DEN TEIG:
6 Eigelb
500 g Weizenmehl
3/8 l Wasser, 1 EL Salz
2 Eiweiß

AUSSERDEM:
500 g Butterschmalz
1/2 l Sauce Hollandaise ▲

1. Die Broccoli- und Blumenkohlröschen, die Karotten, die Maiskolben und die Bohnen waschen, abtropfen lassen, in Salzwasser bißfest garen, herausnehmen und bereitstellen.
2. Die Auberginen putzen, würfeln, mit Salz bestreuen und 10 Minuten ziehen lassen, herausnehmen, waschen und mit dem restlichen Gemüse dekorativ anrichten.
3. Für die Brühe das Öl in einem Topf erhitzen und die mit Salz zerrieben Knoblauchzehen darin glasig schwitzen.
4. Die Frühlingszwiebeln würfeln, ins Fett geben, kurz mitschwitzen.
5. Die Ingwerwurzel schälen, reiben, mit Koriander und Anis zu den Zwiebeln geben, mit Reiswein und Sojasauce ablöschen und mit der Brühe auffüllen. Bei mäßiger Hitze 2-3 Minuten köcheln lassen.
6. Das Eigelb mit dem Mehl, dem Wasser und dem Salz glattrühren.
7. Das Eiweiß steifschlagen und unter den Teig heben.
8. Das Schmalz erhitzen.
9. Die Brühe in einen Fonduetopf und das heiße Butterschmalz in einen anderen Fonduetopf geben, mit dem Gemüse, dem Teig und der Sauce Hollandaise anrichten.
10. Das Gemüse abwechselnd auf Spieße stecken oder in Garkörbchen geben, durch den Teig ziehen und im schwimmenden Butterschmalz garen. Das in Garkörbchen angerichtete Gemüse in der Brühe erhitzen. Je nach Geschmack mit Sauce Hollandaise überziehen.

FLEISCH-GEMÜSE-FONDUE MIT TOFU

FÜR 4 PERSONEN:
600 g Rinderfilet
je100 g Chinakohl, Paprikaschoten, Staudensellerie, Blumenkohlröschen, Broccoliröschen und Fenchel
400 g Tofu

AUSSERDEM:
2 l Gemüse- oder Geflügelbrühe
1 Tasse Sojasauce
1/2 Bund Frühlingszwiebeln
je1 Schale süßsaure Tomatensauce, Sojasauce, Hoisin-Sauce und Austernsauce
4 Portionen bißfest gegarten Reis ▼

1. Das Rinderfilet waschen, trockentupfen und in dünne Scheiben oder Streifen schneiden.
2. Den Chinakohl, die Paprikaschoten, den Staudensellerie, die Blumenkohl- und Broccoliröschen sowie den Fenchel putzen, waschen und kleinschneiden. Den Tofu würfeln.
3. Den Sellerie, die Blumenkohl- und Broccoliröschen sowie den Fenchel in Gemüsebrühe bißfest garen.
4. Die Zutaten dekorativ anrichten. Die Gemüse- oder Geflügelbrühe mit der Sojasauce und den geputzten und feingehackten Frühlingszwiebeln in einem Topf erhitzen.
5. Die Brühe im Fonduetopf servieren und mit den restlichen Zutaten, der süßsauren Tomatensauce, der Sojasauce, der Hoisin-Sauce, der Austernsauce und dem Reis servieren.
6. Die Zutaten entweder auf Fondugabeln spießen oder in kleinen Siebchen in der siedenden Brühe erwärmen.

HÄHNCHENFONDUE KANTON

FÜR 4 PERSONEN:
4 Hähnchenbrustfilets
4 Hähnchenkeulen
400 g Geflügelleber
1 Tasse Sojasauce
200 g Chinakohl
1/2 Bund Frühlingszwiebeln
2 Karotten, 1 Stück Sellerie
je 200 g Mangold, Ananas und Litschis

AUSSERDEM:
2 l Geflügelbrühe
je 1 Tasse Reiswein, Currysauce, Sojasauce, Austernsauce, Hoisin-Sauce und süßsaure Tomatensauce ▼

1. Die Hähnchenbrustfilets und die -keulen waschen, trockentupfen und in Stücke schneiden. Die Keulen dabei mit dem Küchenbeil zerhacken.
2. Die Geflügellebern ebenfalls waschen und in Stücke schneiden.
3. Das Fleisch dekorativ anrichten, mit der Sojasauce beträufeln und 30 Minuten ziehen lassen.
4. Den Chinakohl und die geputzten Frühlingszwiebeln, die geschälten Karotten und den geputzten Sellerie in Streifen schneiden.
5. Den Mangold verlesen, waschen, abtropfen lassen und zerpflücken.
6. Die Ananasscheiben schneiden und die Litschis abtropfen lassen.
7. Die Geflügelbrühe mit dem Reiswein erhitzen und im Fonduetopf servieren. Das Fleisch und das Gemüse sowie die Sauce dazugeben.
8. Die Zutaten in Garkörbchen geben und in der siedenden Gemüsebrühe garen. Dazu reicht man bißfest gegarten Reis.

MONGOLENTOPF

FÜR 4 PERSONEN:
je 200 g Rinderfilet, Schweinefilet, Entenbrustfilet, Kalbsnierchen, Wildfilet und Krabben oder Crevetten
1/2 Bund Frühlingszwiebeln
400 g Sojabohnenkeimlinge
200 g Bambussprossen
200 g Mangold, 2 Karotten

AUSSERDEM:
1 1/2 l Hühnerbrühe
2 Knoblauchzehen
1 Tasse Hoisin-Sauce
je 1/2 Tasse Honig, Obstessig und Reiswein
verschiedene chinesische Fonduesaucen und Dips
4 Portionen bißfest gegarten Reis ▼

1. Die Filets waschen, abtropfen lassen und in Streifen schneiden.
2. Die Krabben oder Crevetten waschen, abtropfen lassen und mit dem Fleisch dekorativ anrichten.
3. Die Sojabohnenkeimlinge waschen. Die Frühlingszwiebeln, Bambussprossen und den Mangold waschen und in Streifen schneiden.
4. Die Karotten schälen und in hauchdünne Streifen schneiden.
5. Die Hühnerbrühe mit der gehakkten Knoblauchzehe, der Hoisin-Sauce, dem Honig, dem Obstessig und dem Reiswein zum Kochen bringen.
6. Die Brühe in einen Mongolentopf geben, die Zutaten dekorativ darum herum anrichten und mit den chinesischen Fonduesaucen und Dips sowie dem Reis servieren.
7. Die Zutaten abwechselnd in Garkörbchen geben und im Mongolentopf garen, herausnehmen und mit den verschiedenen Saucen und dem Reis verzehren.

Soja-
Soße
WÜRZIG

FONDUE MIT MEERESFRÜCHTEN

FÜR 4 PERSONEN:
200 g Rotbarschfilet
200 g Seezungenfilet
200 g Muschelfleisch
200 g Hummerkrabbenschwänze
200 g gekochte ´Tintenfische
Saft von 2 Zitronen
2 Karotten
1 Stück Lauch
1 Stück Sellerie
100 g Sojabohnenkeimlinge
100 g Chinakohl
100 g Spinat

FÜR DEN SUD:
1 l Fischbrühe
Saft von 2 Orangen
2 Lorbeerblätter
einige Nelken
1 Bund Dill

AUSSERDEM:
1 Schale Dillcreme
1 Schale Remoulade
1 Schale Cocktailsauce
1 Schale Kaviarsauce

1. Die Meeresfrüchte waschen, gut abtropfen lassen, in eine Schüssel geben, mit Zitronensaft beträufeln und dekorativ anrichten.
2. Die Karotten, den Lauch, den Sellerie, die Sojabohnenkeimlinge, den Chinakohl und den Spinat entsprechend putzen, in mundgerechte Streifen oder Würfel schneiden und mit den Meeresfrüchten dekorativ auf den Tisch stellen.
3. Für den Sud die Fischbrühe mit dem Orangensaft und den Gewürzen sowie dem Dill in einen Topf geben und zum Kochen bringen.
4. Den Sud in einen Fonduetopf geben und mit der Dillcreme, der Remouladensauce, der Cocktailsauce und der Kaviarsauce zu den restlichen Zutaten geben.
5. Portionsweise Meeresfrüchte und Gemüse in einen Garkorb geben und im Sud erhitzen. Dazu reicht man Stangenweißbrot und gedämpften Reis.

FEINES FISCHFONDUE

FÜR 4 PERSONEN:
400 g Hechtfilet
400 g Forellenfilet
400 g Karpfenfilet
Saft von 2 Zitronen
1 Zucchino
1 rote Paprikaschote
1 grüne Paprikaschote
100 g Sojabohnenkeimlinge
100 g Ananas
100 g Kaiserkirschen

FÜR DEN SUD:
1 l Gemüse- oder Fischbrühe
2 Lorbeerblätter
einige Nelken und Pfefferkörner

AUSSERDEM:
1 Schale Cocktailsauce
1 Schale Dillsauce
1 Schale Eiersauce
1 Schale Kräutermayonnaise

1. Die Fischfilets unter fließendem Wasser abwaschen, trockentupfen, in mundgerechte Würfel schneiden und mit Zitronensaft beträufeln und dekorativ anrichten.
2. Die Zucchino, die Paprikaschoten und die Sojabohnenkeimlinge entsprechend putzen und in mundgerechte Stücke schneiden. Die Sojabohnenkeimlinge abtropfen lassen.
3. Die Ananasscheiben in Würfel schneiden, die Kaiserkirschen entkernen, alle Zutaten dekorativ anrichten und auf den Tisch stellen.
4. Für den Sud die Gemüse- oder Fischbrühe mit den Lorbeerblättern, den Nelken und den Pfefferkörnern in einen Topf geben und zum Kochen bringen.
5. Den Sud in einen Fonduetopf geben, mit der Cocktailsauce, der Dillsauce, der Eiersauce und der Kräutermayonnaise auf den Tisch stellen.
6. Je nach Geschmack verschiedene Zutaten in Garkörbchen geben und im Sud garen. Dazu reicht man französisches Weißbrot und Petersilienkartoffeln.

GEMÜSE-FONDUE

FÜR 4 PERSONEN:
2 Karotten
1 Stück Stangensellerie
1 Zucchino
1 rote Paprikaschote
100 g Brokkoliröschen
100 g Blumenkohlröschen
100 g Rosenkohlröschen
200 g Spargelstücke
100 g Sojabohnenkeimlinge
100 g Spinat
100 g Ananasstückchen
100 g Mandarinenfilets
1 Banane
1 Apfel
Saft von 1 Zitrone ▲

FÜR DEN SUD:
1 l Gemüsebrühe
Saft von 2 Orangen
1/2 Bund Zitronenmelisse
1/2 Bund Estragon
2 Knoblauchzehen

AUSSERDEM:
1 Schale Knoblauchquark
1 Schale Tomatensauce
1 Schale Kräutervinaigrette
1 Schale Eiersauce ▼

1. Das Gemüse putzen, waschen, abtropfen lassen und in mundgerechte Stücke schneiden.
2. Das Gemüse anrichten, die Ananasstücke und die Mandarinenfilets abtropfen lassen,dazugeben.
3. Die Banane und den Apfel schälen, den Apfel entkernen und beides in mundgerechte Stücke schneiden, mit Zitronensaft beträufeln und mit den restlichen Zutaten auf den Tisch stellen.
4. Für den Sud die Gemüsebrühe mit dem Orangensaft, den verlesenen, gewaschenen und kleingeschnittenen Kräutern und den gehackten Knoblauchzehen erhitzen.
5. Die Gemüsebrühe in einen Fonduetopf geben, mit dem Knoblauchquark, der Tomatensauce, der Kräutervinaigrette und der Eiersauce auf dem Tisch anrichten.
6. Je nach Geschmack verschiedene Gemüsesorten in Garkörbchen geben und im Sud garen. Dazu reicht man französisches Weißbrot.

SCHOKOLADEN-FONDUE

FÜR 4 PERSONEN:
1 Becher süße Sahne
200 g Vollmilchkuvertüre
50 g Mandelblättchen
1 Pck. Vanillezucker

AUSSERDEM:
4 Bananen
2 Orangen
200 g Weintrauben
200 g Erdbeeren
4 Kiwifrüchte
Likör nach Geschmack
Zucker oder Vanillezucker zum Bestreuen ▼

1. Die Sahne mit der geriebenen Vollmilchkuvertüre in eine feuerfeste Schüssel geben und unter ständigem Rühren im Wasserbad schmelzen lassen.
2. Die Mandelblättchen und den Vanillezucker einrühren und das Ganze in einen Fonduetopf geben.
3. Die Bananen und die Orangen schälen und in mundgerechte Stücke schneiden.
4. Die Weintrauben und Erdbeeren putzen und nach Bedarf in mundgerechte Stücke schneiden.
5. Die Kiwifrüchte dünn schälen und ebenfalls in Würfel schneiden.
6. Die Früchte je nach Geschmack mit Likör beträufeln und mit Zucker oder Vanillezucker bestreuen, dekorativ anrichten und mit dem Schokoladenfondue servieren.
7. Die Früchte abwechselnd auf Spieße stecken und durch die Schokolade ziehen.

FONDUE CARAMEL

FÜR 4 PERSONEN:
250 g Sahnecaramelbonbons
150 g Vollmilchschokolade
1 Becher Sahne
50 g geriebene Haselnüsse

AUSSERDEM:
2 Bananen
200 g Erdbeeren
1 kleine Netzmelone
4 Kiwifrüchte
2 Mangofrüchte ▼

1. Die Sahnecaramelbonbons mit der geriebenen Vollmilchschokolade und der Sahne in eine feuerfeste Schüssel geben und im Wasserbad unter ständigem Rühren schmelzen lassen.
2. Die Haselnüsse einrühren und das Ganze in einen Fonduetopf geben.
3. Die Bananen schälen, die Erdbeeren putzen und beides in mundgerechte Stücke schneiden.
4. Die Netzmelone halbieren, mit einem Teelöffel die Kerne herausschaben, das Fruchtfleisch herauslösen und in mundgerechte Stücke schneiden.
5. Die Kiwifrüchte und die Mangofrüchte dünn schälen, das Fruchtfleisch von den Mangos vom Kern lösen und Fruchtfleisch und Kiwifruchtfleisch in mundgerechte Stücke schneiden.
6. Die Früchte dekorativ anrichten und mit dem Fondue auf den Tisch stellen.
7. Die Früchte abwechselnd auf Spieße stecken und durch die Caramelcreme ziehen.

FONDUE MIT WEISSER SCHOKOLADE

FÜR 4 PERSONEN:
1 Becher Sahne
200 g weiße Schokolade
4 cl weißen Rum
Saft von 1 Orange
2 Pck. Vanillezucker

AUSSERDEM:
1 frische Ananas, 2 Mangofrüchte
1 kleine Netzmelone
200 g Litschifrüchte (Dose)
Orangenlikör oder Rum
Zucker oder Vanillezucker zum Bestreuen ▼

1. Die Sahne mit der geriebenen Schokolade und dem Rum in einer feuerfesten Schüssel im Wasserbad unter ständigem Rühren so lange erhitzen, bis sich die Schokolade vollständig aufgelöst hat.
2. Den Orangensaft und Vanillezucker untermischen und die Schokolade in einen Fonduetopf geben.
3. Die Ananas schälen, den Strunk herausschneiden und das Fruchtfleisch in Würfel schneiden.
4. Die Mangofrüchte schälen, das Fruchtfleisch vom Kern lösen und ebenfalls in Stücke schneiden.
5. Die Netzmelone halbieren, mit einem Teelöffel das Kerngehäuse herauslösen, das Fruchtfleisch entfernen und würfeln.
6. Die Litschifrüchte mit den restlichen Früchten dekorativ anrichten, mit dem weißen Schokoladenfondue auf den Tisch stellen.
7. Die Früchte abwechselnd auf Spieße stecken, mit Orangenlikör oder Rum beträufeln, mit Zucker oder Vanillezucker bestreuen und durch das weiße Schokoladenfondue ziehen.

BUNTE FRUCHTSPIESSE

FÜR 4 PERSONEN:

2 Bananen
1 kleine Ananas
2 Kiwis
250 g Erdbeeren
250 g gemischte Weintrauben
2-3 Aprikosen
2 Pfirsiche
150 g Süßkirschen
300 g Melonen
2 frische Feigen
Likör nach Geschmack
Zucker oder Vanillezucker
1 Tasse flüssige Butter / Margarine
Alufolie ▲

1. Die Bananen, die Ananas und die Kiwis schälen, den Strunk von der Ananas herausschneiden und das Fruchtfleisch in mundgerechte Stücke schneiden.
2. Die Erdbeeren und die Weintrauben verlesen, waschen, gut abtropfen lassen und bereitstellen.
3. Die Aprikosen und die Pfirsiche waschen, halbieren, entkernen und in mundgerechte Stücke schneiden. Die Süßkirschen waschen.
4. Die Melonen von den Kernen befreien und in mundgerechte Stücke schneiden. Die Feigen abziehen und ebenfalls kleinschneiden.
6. Die Früchte dekorativ anrichten, mit Likör beträufeln und mit Zucker oder Vanillezucker bestreuen.
7. Je nach Geschmack Früchte nach Wahl auf Spieße stecken, mit etwas flüssiger Butter oder Margarine bestreichen, auf Alufolie setzen, verschließen und auf dem Grill kurz garen, anrichten und mit einem Dip nach Wahl servieren.

ORANGEN-QUARK-DIP

FÜR 4 PERSONEN:
250 g Speisequark
1/2 Tasse Kefir
Saft von 1/2 Orange
1 Pck. Vanillezucker
Zucker und Orangenlikör

1. Den Speisequark mit dem Kefir und Orangensaft glattrühren.
2. Mit Vanillezucker aromatisieren, mit Zucker und Orangenlikör nach Geschmack abrunden, anrichten und servieren.

EIERLIKÖR-DIP

FÜR 4 PERSONEN:
1 Becher Sahne-Dickmilch
1 Pck. Vanillezucker
4 cl Eierlikör
Zucker nach Geschmack

1. Die Sahne-Dickmilch mit dem Vanillezucker und dem Eierlikör in einer Schüssel glattrühren.
2. Die Dickmilch je nach Geschmack mit Zucker süßen, anrichten, ausgarnieren und servieren.

MANDEL-QUARK-DIP

FÜR 4 PERSONEN:
250 g Sahnequark
1/2 Tasse Buttermilch
1 Pck. Vanillezucker
2-3 EL gehackte Mandeln
Zucker und Mandellikör

1. Den Sahnequark mit der Buttermilch und dem Vanillezucker in einer Schüssel glattrühren.
2. Die gehackten Mandeln unterziehen, je nach Geschmack mit Zucker und Mandellikör aromatisieren, anrichten und servieren.

RACLETTE MIT FRANZÖSISCHEM GEMÜSE

FÜR 4 PERSONEN:

50 g Olivenöl
2 Zwiebeln
1 Stange Lauch
1 rote und 1 grüne Paprikaschote
1 Aubergine, 1 Zucchino
1 EL Salz
100 g frische Champignons
Saft von 1 Zitrone
1 Glas Weißwein
1 EL Kräuter der Provence
2 Tomaten
1 Prise Speisewürze
Salz, Pfeffer aus der Mühle

AUSSERDEM:

8-12 verschiedene Medaillons
1 Schale Butterschmalz
verschiedene Saucen und Dips
600 g Raclettekäse
4 Portionen Kartoffeln ▼

1. Das Öl erhitzen und die gewürfelten Zwiebeln darin glasig schwitzen.
2. Den Lauch putzen, in Würfel schneiden, zu den Zwiebeln geben und kurz mitschwitzen.
3. Die Paprikaschoten halbieren, entkernen, waschen, abtropfen lassen, würfeln, kurz mitschwitzen.
4. Die Aubergine würfeln, mit Salz bestreuen, ziehen lassen, waschen, zum Gemüse geben.
5. Die Zucchino würfeln, mit den mit Zitronensaft beträufelten Champignons zum Gemüse geben und 4-5 Minuten dünsten.
6. Mit Wein ablöschen, den Kräutern verfeinern, 4 Minuten ziehen lassen.
7. Die enthäuteten, entkernten und gewürfelten Tomaten untermischen. Mit Speisewürze, Salz und Pfeffer abschmecken.
8. Die Kartoffeln anrichten und mit dem Gemüse auf ein Rechaud geben.
9. Die vorgegarten Medaillons mit Salz, Pfeffer würzen, mit etwas Gemüse in Raclettepfännchen anrichten, mit dem Raclettekäse belegen und im Raclettegrill fertig garen.
10. Das reicht man Butterkartoffeln, die Saucen und Dips dazugeben.

SCHNELLES RACLETTE

FÜR 4 PERSONEN:

1 kg Pellkartoffeln
je 100 g Parmaschinken, Rostbeef in Scheiben, gekochten Schinken und italienische Salami
150 g Muschelsalat
150 g Crevettensalat
600 g Raclettekäse

AUSSERDEM:

verschiedene Saucen und Dips
Essiggemüse, gemischten Salat
Stangenweißbrot und Brezen ▼

1. Die Pellkartoffeln in eine Schüssel geben und mit einem Rechaud auf den Tisch stellen.
2. Den Parmaschinken, das Rostbeef, den Schinken und die Salami anrichten und dazugeben.
3. Den Muschelsalat und den Crevettensalat ebenfalls anrichten und mit dem in Würfel geschnittenen Raclettekäse dazustellen.
4. Die Saucen und Dips, das Essiggemüse, den gemischten Salat, das Stangenweißbrot und die Brezen auf den Tisch geben.
5. Je nach Geschmack die Zutaten in Raclettepfännchen anrichten, mit dem Käse belegen und im Raclettegrill schmelzen.

FORELLEN-RACLETTE

FÜR 4 PERSONEN:

8 geräucherte Forellenfilets
1-2 EL Butter oder Margarine
50 g durchw. geräucherten Speck
1 Zwiebel
1 grüne Paprikaschote
1 rote Paprikaschote
100 g frische Champignons
Saft von 1/2 Zitrone
1 Schuß Weißwein
1/2 Bund Schnittlauch
1/2 Bund Petersilie
Salz, Pfeffer aus der Mühle
1 Prise Cayennepfeffer
1 Prise Muskatpulver
1 kg Raclettekäse
4 Portionen Bratkartoffeln ▼

1. Die Forellenfilets enthäuten und portionsweise in Raclettepfännchen dekorativ anrichten.
2. Die Butter oder Margarine in einer Pfanne erhitzen und den fein gewürfelten Speck darin auslassen.
3. Die feingehackte Zwiebel und die in Würfel geschnittenen Paprikaschoten dazugeben und glasig schwitzen.
4. Die in Scheiben geschnittenen Champignons mit Zitronensaft beträufeln, zum Gemüse geben und kurz mitschwitzen.
5. Mit Weißwein ablöschen und einmal aufkochen lassen. Die feingehackten Kräuter untermischen.
6. Mit Salz, Pfeffer, Cayennepfeffer und Muskat würzen und in der Pfanne auf ein Warmhalterechaud mit den Bratkartoffeln auf den Tisch stellen.
7. Etwas Gemüse zu den vorbereiteten Forellenfilets geben, mit den in Scheiben geschnittenen Käse belegen und überbacken.
8. Dazu reicht man das restliche Gemüse mit den Bratkartoffeln.

200 g

GARNELENRACLETTE

FÜR 4 PERSONEN:

600 g Garnelen
Saft von 1 Zitrone
1-2 EL Olivenöl
1 Zwiebel
2 Knoblauchzehen
1 TL Salz
1/2 Bund Petersilie
1/2 Bund Dill
1/2 Bund Estragon
1 TL geriebene Zitronenschale
Salz, Pfeffer aus der Mühle
einige Tropfen Weinbrand

AUSSERDEM:

1 kg Raclettekäse
4 Portionen Pellkartoffeln
4 Portionen Essiggemüse
4 Portionen gemischten Salat ▼

1. Die Garnelen waschen, trockentupfen und mit Zitronensaft beträufeln.
2. Das Öl in einer Pfanne erhitzen und die geschälte und feingehackte Zwiebel darin glasig schwitzen.
3. Die geschälten und mit Salz zerriebenen Knoblauchzehen mit den Garnelen zu den Zwiebeln geben und kurz mitschwitzen.
4. Die gehackten Kräuter mit der Zitronenschale unter die Garnelen mischen, mit Salz und Pfeffer würzen und mit Weinbrand beträufeln.
5. Die Garnelen in Raclettepfännchen geben, mit den Käsescheiben bedecken und überbacken.
6. Dazu reicht man die geschälten, erwärmten Pellkartoffeln, das Essiggemüse und den gemischten Salat.

WÜRSTELRACLETTE

FÜR 4 PERSONEN:

3 Wiener Würstchen
3 Bratwürstchen
3 Debrecziner
3 Regensburger
1-2 EL Butterschmalz
50 g durchwachsenen geräucherten Speck
2 Zwiebeln
1 Stange Lauch
1 Schuß Weißwein
1 EL Majoran
1 TL Thymian
2 EL grüne Pfefferkörner
Salz, Pfeffer aus der Mühle
1 Bund Schnittlauch

AUSSERDEM:

4 Portionen Bratkartoffeln
1 kg Raclettekäse ▼

1. Die Würstchen in mundgerechte Stücke schneiden und anrichten.
2. Das Schmalz in einer Pfanne erhitzen und den in feine Würfel geschnittenen Speck darin auslassen.
3. Die Zwiebeln und den Lauch putzen, in Scheiben schneiden, zum Speck geben und glasig schwitzen.
4. Mit Weißwein ablöschen, mit Majoran, Thymian und den grünen Pfefferkörnern würzen und bei mäßiger Hitze kurz dünsten.
5. Das Zwiebelgemüse mit Salz und Pfeffer kräftig würzen und in der Pfanne mit den Bratkartoffeln auf ein Rechaud stellen. Mit frisch geschnittenem Schnittlauch bestreuen.
6. Würstchen und etwas Zwiebelgemüse in den Raclettepfännchen verteilen, mit dem Käse belegen und im Raclettegrill fertig garen.

TIROLER BAUERN-RACLETTE

FÜR 4 PERSONEN:

2 EL Butterschmalz
100 g durchwachsenen geräucherten Speck
1 Zwiebel
1 rote Paprikaschote
1 grüne Paprikaschote
400 g gekochte Kartoffeln
4 Essiggurken
400 g gekochte Ochsenbrust
Salz, Pfeffer aus der Mühle
1 EL Majoran
1 Bund Schnittlauch
1 Bund Petersilie

AUSSERDEM:

1 kg Raclettekäse
deftiges Bauernbrot ▼

1. Das Schmalz in einer Pfanne erhitzen und den in feine Würfel geschnittenen Speck darin auslassen.
2. Die Zwiebel und die Paprikaschoten putzen, kleinschneiden, zum Speck geben und mitbraten.
3. Die geschälten und gewürfelten Kartoffeln mit den in Scheiben geschnittenen Essiggurken und der in Würfel geschnittenen Ochsenbrust portionsweise in Raclettepfännchen anrichten und rösten.
4. Mit Salz, Pfeffer und Majoran würzen und zum Schluß die gehackten bzw. geschnittenen Kräuter untermischen.
5. Den in Scheiben geschnittenen Raclettekäse darauflegen und schmelzen lassen. Zum Bauern-Raclette reicht man deftiges Bauernbrot.

ITALIENISCHES RACLETTE

FÜR 4 PERSONEN:

100 g Mailänder Salami
100 g Mortadella
100 g Parmaschinken
100 g eingelegte Oliven
100 g eingelegte Artischockenherzen
100 g Auberginensalat
100 g Zucchinisalat
200 g Meeresfrüchtesalat

AUSSERDEM:

1 kg Raclettekäse
4 Portionen Pellkartoffeln
4 Fleischtomaten
2 Paprikaschoten

1. Die Salami, die Mortadella, den Parmaschinken, die Oliven, die Artischockenherzen, den Auberginensalat, den Zucchinisalat und die Meeresfrüchte dekorativ anrichten und auf den Tisch stellen.
2. Den Raclettekäse in Würfel schneiden, die Pellkartoffeln in einer Schüssel auf ein Rechaud stellen.
3. Die gewaschenen Fleischtomaten und die geputzten Paprikaschoten in mundgerechte Stücke schneiden und mit den restlichen Zutaten dekorativ anrichten.
4. Je nach Geschmack die Zutaten in ein Raclettepfännchen geben, die Käsescheiben darauf verteilen und überbacken.

KARTOFFELRACLETTE

FÜR 4 PERSONEN:

1 kg kleine Kartoffeln
Salzwasser
100 g durchwachsenen geräucherten Speck
2 Zwiebeln
2 rote Paprikaschoten
2 grüne Paprikaschoten
1 kleines Glas Essiggurken
Salz, Pfeffer aus der Mühle
gemahlenen Kümmel
1 Bund Majoran
1 Bund Schnittlauch
600 g Raclettekäse ▼

1. Die Kartoffeln in Salzwasser bißfest garen, gut abtropfen lassen, schälen und bereitstellen.
2. Den Speck in feine würfeln schneiden, die Zwiebeln schälen und fein hacken.
3. Die Paprikaschoten putzen, waschen und in feine Streifen oder Würfel schneiden.
4. Die Essiggurken in Scheiben schneiden.
5. Die Zutaten dekorativ anrichten und auf den Tisch geben. Salz, Pfeffer, Kümmel und die verlesenen, gewaschenen und gehackten Kräuter dazugeben.
6. Den Raclettekäse in Würfel schneiden und ebenfalls auf den Tisch stellen.
7. Für die Zubereitung den Speck in den Pfännchen zerlassen, einige Zwiebeln und Paprikaschoten dazugeben, würzen, den Raclettekäse darauf verteilen und zerlaufen lassen.
8. Die bereitgestellten, geschälten Kartoffeln mit den gehackten Kräutern anrichten und servieren.

HUSUMER RACLETTE

FÜR 4 PERSONEN:

8-12 Fischfilets à 75 g (Lachs, Dorsch oder Zander)
Saft von 2 Zitronen
einige Tropfen Worcestersauce
einige Tropfen Weißwein
Salz, Pfeffer aus der Mühle
400 g Krabben oder Crevetten
1 Bund Dill
Butterschmalz zum Braten
600 g Raclettekäse
4 Portionen frischen Stangenspargel
4 Portionen Butterkartoffeln ▼

1. Die Fischfilets waschen, trockentupfen, mit Zitronensaft, Worcestersauce und Weißwein beträufeln, mit Salz und Pfeffer würzen und 10 Minuten ziehen lassen.
2. Die Krabben waschen, mit Zitronensaft, Worcestersauce und Weißwein beträufeln, mit Salz und Pfeffer würzen.
3. Den Dill hacken und mit den Krabben vermischen.
4. Die Zutaten anrichten, Butter in einem Schälchen dazugeben.
5. Den Raclettekäse fein würfeln und ebenfalls dazugeben.
6. Den fertigen Stangenspargel und die Butterkartoffeln dazustellen.
7. Den Tischgrill mit etwas Schmalz bestreichen und die Fischfilets darauf garen.
8. Die Krabben und die Fischfilets in den Pfännchen geben, einige Spargelstangen darauf geben, mit dem in Scheiben geschnittenen Raclettekäse belegen und überbacken.
9. Das restliche Gemüse und die Butterkartoffeln dazu reichen.

FEINE SCHWEINEFILETS MIT GEMÜSE

FÜR 4 PERSONEN:

8-12 Schweinemedaillons à 75 g
Salz, Pfeffer aus der Mühle
1/2 Tasse Olivenöl
1 Knoblauchzehe, 1 TL Salz
1 EL Majoran

AUSSERDEM:

400 g Schwarzwurzelgemüse
400 g Fenchelgemüse
250 g Krabben oder Crevetten
Saft von 1 Zitrone
einige Tropfen Worcestersauce
600 g Raclettekäse ▼

1. Die Schweinemedaillons waschen, trockentupfen, mit Salz und Pfeffer würzen, bereitstellen.
2. Das Olivenöl mit der mit Salz zerriebenen Knoblauchzehe und dem Majoran vermischen und die Medaillons damit einstreichen.
3. Das Schwarzwurzelgemüse und das Fenchelgemüse erhitzen.
4. Die Krabben waschen, trockentupfen, mit Zitronensaft und Worcestersauce beträufeln, mit Salz, Pfeffer würzen.
5. Die Medaillons und die Krabben auf den Tischgrill garen und in den Raclettepfännchen anrichten. Den Raclettekäse darauf verteilen und schmelzen lassen.
6. Das Fenchel- und Schwarzwurzelgemüse in feuerfesten Töpfen auf ein Rechaud stellen und dazugeben.

TEFAL
TEFAL
O
I

GRILLRACLETTE

FÜR 4 PERSONEN:

4 Schweinenackensteaks
3-4 EL Olivenöl
2 EL geschrotete gemischte Pfefferkörner
Salz, Pfeffer aus der Mühle
4 grobe Bratwürstchen
8-12 Pellkartoffeln
je1 EL Kümmel und Koriander
1-2 EL Olivenöl, Alufolie

AUSSERDEM:

verschiedene Grillsaucen und Dips
gemischte Salate, Stangenweißbrot
1/2 Laib Raclettekäse ▼

1. Die Schweinenackensteaks waschen, trockentupfen, mit Olivenöl bestreichen und mit den Pfefferkörnern kräftig einreiben, mit Salz und Pfeffer würzen.
2. Die Steaks mit den Bratwürstchen anrichten. Die Pellkartoffeln mit dem Kümmel und dem Koriander auf mit Olivenöl eingestrichene Stücke Alufolie legen.
3. Die Kartoffeln darin einschlagen und im offenen Feuer garen.
4. Die Steaks und die Bratwürstchen auf den Grill legen und garen.
5. Die Grillsaucen und Dips mit den Salaten und dem Stangenweißbrot anrichten. Den Raclettekäse zwischen zwei Ziegelsteine so auf den Grill legen, daß die Hitze an die Schnittfläche kommt.
6. Die Schweinenackensteaks und die Bratwürstchen mit den Kartoffeln anrichten. Sobald der Käse zum Schmelzen beginnt, mit dem Messer den geschmolzenen Käse abstreichen und auf die Zutaten verteilen.
7. Erneut den Raclettekäse zwischen die Ziegelsteine legen und wie beschrieben weitergaren.

RACLETTE MIT KAISERFLEISCH

FÜR 4 PERSONEN:

8-12 Scheiben Kaiserfleisch à 75 g
800 g kleine gekochte Kartoffeln
50 g Butter
1 Bund Petersilie
Salz, Pfeffer aus der Mühle
4 Portionen gekochten Spargel
4 Portionen Sauce Hollandaise
600 g Raclettekäse
verschiedene Saucen und Dips
Stangenweißbrot ▼

1. Das Kaiserfleisch dekorativ anrichten und bereitstellen.
2. Die Kartoffeln schälen, die Butter in einer Pfanne erhitzen und die Kartoffeln darin kurz braten.
3. Die verlesene, gewaschene und feingehackte Petersilie untermischen und das Ganze mit Salz und Pfeffer würzen.
4. Den Stangenspargel erhitzen und die Sauce Hollandaise zubereiten.
5. Die Petersilienkartoffeln und den Spargel sowie die Sauce Hollandaise in feuerfeste Formen geben und auf einem Rechaud auf den Tisch stellen.
6. Das Kaiserfleisch in Raclettepfännchen erhitzen, etwas Spargel darauf verteilen, mit dem Käse und der Sauce Hollandaise bedecken und kurz überbacken.
7. Die verschiedenen Saucen und Dips und das Stangenweißbrot dazu servieren.

RÄUCHERFISCH-RACLETTE

FÜR 4 PERSONEN:

4 geräucherte Forellenfilets
je 200 g geräucherte Pfeffermakrelen, Sprotten, Aal- und Heilbuttfilet

FÜR DIE KARTOFFELN:

100 g geräucherten Speck
1 Zwiebel
800 g gekochte kleine Kartoffeln
1 Bund Schnittlauch
Salz, Pfeffer aus der Mühle
1 Prise Kümmel
600 g Raclettekäse
4 Portionen milchsauer eingelegtes Gemüse, Mixed Pickles
1 Schale Sahne-Meerrettich
1 Schale Cocktailsauce
2 Bund Schnittlauch
französisches Stangenweißbrot ▼

1. Die Räucherfilets anrichten. Den gewürfelten Speck in einer Pfanne auslassen und die gehackte Zwiebel darin glasig schwitzen.
2. Die Kartoffeln schälen, mit den Speckzwiebeln kurz braten. Den geschnittenen Schnittlauch darüberstreuen und mit Salz, Pfeffer und Kümmel abschmecken.
3. Die Kartoffeln in eine feuerfeste Form geben und auf einem Rechaud mit den Fischfilets, den Raclettekäsescheiben und den anderen Zutaten auf den Tisch stellen.
4. Die Fischfilets in die Raclettepfännchen legen, mit den Käsescheiben belegen und kurz überbacken.
5. Dazu reicht man die erwärmten Kartoffeln, das Gemüse, die Saucen den geschnittenen Schnittlauch, und das Stangenweißbrot.

BOHNEN-RACLETTE

FÜR 4 PERSONEN:

1-2 EL Olivenöl
2 Knoblauchzehen, 1 TL Salz
1 Zwiebel
1 rote Paprikaschote
100 g durchw. geräucherten Speck
500 g Rinderhack
1 große Dose Kidney-Bohnen
2 Tassen gebundene Bratensauce
je 1 TL Majoran, Thymian, Paprikapulver und Curry
Salz, Pfeffer aus der Mühle

AUSSERDEM:

1 kg Raclettekäse
4 Portionen Pellkartoffeln

1. Das Olivenöl in einer großen Pfanne erhitzen und die mit Salz zerriebenen Knoblauchzehen darin anschwitzen.
2. Die geschälte und feingehackte Zwiebel und die geputzte und in Würfel geschnittene Paprikaschote dazugeben und kurz mitschwitzen.
3. Den in feine Würfel geschnittenen Speck mit dem Rinderhack zum Gemüse geben und unter ständigem Rühren braten.
4. Die gut abgetropften Kidney-Bohnen mit der Bratensauce dazugeben und bei mäßiger Hitze 4-5 Minuten köcheln lassen.
5. Das Ganze mit Majoran, Thymian, Paprikapulver, Curry, Salz und Pfeffer abschmecken.
6. Das Bohnen-Raclette anrichten und den in Würfel geschnittenen Raclettekäse in den Raclettepfännchen schmelzen lassen. Das Bohnen-Raclette und die Pellkartoffeln anrichten und mit dem Käse überziehen.

SAURE NIERCHEN

FÜR 4 PERSONEN:
500 g Kalbsnierchen
2-3 EL Butterschmalz
4 cl Weinbrand
Salz, Pfeffer aus der Mühle

AUSSERDEM:
1 Zwiebel, 1 Bund Frühlingszwiebeln
200 g Austernpilze
1 EL grüne Pfefferkörner
1 Schuß Weißwein
2/8 l gebundene Bratensauce
1/2 Becher Crème fraîche
1 Bund Estragon, 2-3 EL Weinessig
1 Prise Zucker ▼

1. Die Nierchen putzen, in Scheiben schneiden und in Salzwasser 30 Minuten ziehen lassen, anschließend herausnehmen und trockentupfen.
2. Das Schmalz in einer Pfanne erhitzen, die Nierchen scharf anbraten.
3. Mit Weinbrand flambieren, Salz und Pfeffer würzen, warm stellen.
4. Die Zwiebel schälen, fein hacken, ins Fett geben und glasig schwitzen.
5. Die Frühlingszwiebeln in Streifen schneiden, zu den Zwiebeln geben und glasig schwitzen.
6. Die kleingeschnittenen Austernpilze dazugeben und mitschwitzen.
7. Die Pfefferkörner unterrühren, mit Wein ablöschen, mit der Bratensauce und der Crème fraîche auffüllen, zu einer sämigen Sauce verkochen.
8. Den verlesenen, gewaschenen und feingehackten Estragon unter die Sauce ziehen.
9. Mit Salz, Pfeffer, Weinessig und Zucker süß-sauer abschmecken.
10. Die Nierchen in die Sauce zurückgeben, nochmals erhitzen, aber nicht mehr kochen lassen.
11. Die sauren Nierchen anrichten, ausgarnieren und servieren.

PAPRIKALEBER

FÜR 4 PERSONEN:
500 g Rinderleber
2-3 EL Mehl
2-3 EL Butterschmalz
Salz, Pfeffer aus der Mühle

AUSSERDEM:
1 Zwiebel
je 1 rote und grüne Paprikaschote
100 g frische Champignons
Saft von 1 Zitrone
1 große Dose geschälte Tomaten
1 EL Paprikapulver
je 1 TL Oregano und Basilikum
1 Bund Schnittlauch ▼

1. Die Rinderleber waschen, gut abtropfen lassen, enthäuten und in feine Streifen schneiden.
2. Mit Mehl bestauben, das Schmalz in einer Pfanne erhitzen und die Leber darin scharf anbraten.
3. Die Leber mit Salz und Pfeffer würzen, warm stellen.
4. Die Zwiebel fein hacken, im verbliebenen Fett glasig schwitzen.
5. Die Paprikaschoten halbieren, in Streifen schneiden, zur Zwiebel geben und glasig schwitzen.
6. Die Champignons putzen, waschen, in Scheiben schneiden, mit Zitronensaft beträufeln, zum Gemüse geben und kurz mitschwitzen.
7. Die geschälten Tomaten mit einer Gabel zerdrücken und das Gemüse damit auffüllen.
8. Einmal kräftig aufkochen lassen, mit Paprikapulver, Oregano, Basilikum, Salz und Pfeffer würzen.
9. Die Leber und den feingeschnittenen Schnittlauch unter die Sauce heben, nochmals erhitzen, aber nicht mehr kochen lassen.
10. Die Paprikaleber nochmals kräftig abschmecken, anrichten, ausgarnieren und servieren.

RACLETTE MIT NIERCHEN

FÜR 4 PERSONEN:
1-2 EL Butter oder Margarine
600 g Kalbsnierchen
Salz, Pfeffer aus der Mühle
4 cl Weinbrand, 1 Zwiebel
100 g frische Champignons
Saft von 1 Zitrone
1 säuerlichen Apfel
je 1 Bund Schnittlauch und Petersilie
1/4 l gebundene Bratensauce
1 Becher saure Sahne
2-3 EL Obstessig, 1 Prise Zucker
1 Prise Cayennepfeffer
1 kg Raclettekäse
4 Portionen Bratkartoffeln ▼

1. Das Fett in einer Pfanne erhitzen und die gewässerten, abgetropften und in Scheiben geschnittenen Kalbsnierchen darin anbraten.
2. Die Nierchen mit Salz und Pfeffer würzen, mit Weinbrand flambieren und warm stellen.
3. Die feingehackte Zwiebel im verbliebenen Fett glasig schwitzen.
4. Die in Scheiben geschnittenen Champignons mit Zitronensaft beträufeln. Den Apfel schälen, entkernen, in Scheiben schneiden und ebenfalls mit Zitronensaft beträufeln.
5. Champignons und Äpfel zu den Zwiebeln geben, kurz mitschwitzen.
6. Die gehackten Kräuter mit der Bratensauce und der sauren Sahne zum Gemüse geben und einmal aufkochen lassen. Mit Obstessig, Zucker, Cayennepfeffer, Salz und Pfeffer abschmecken. Die Nierchen dazugeben, erhitzen, aber nicht mehr kochen lassen.
7. Den Käse würfeln und in den Pfännchen auslassen. Die Nierchen mit Bratkartoffeln anrichten, mit geschmolzenem Käse überziehen.

RACLETTE MIT GEMÜSE

FÜR 4 PERSONEN:
1 Aubergine
1 Zucchino
150 g Blumenkohlröschen
150 g Brokkoliröschen
1 rote Paprikaschote
1 grüne Paprikaschote
1/2 l Gemüsebrühe
100 g frische Champignons
Saft von 1 Zitrone
4 Tomaten
Salz, Pfeffer aus der Mühle
1 Prise Cayennepfeffer
1 Prise Muskatpulver
1/2 Bund Petersilie
1/2 Bund Schnittlauch
1/2 Bund Estragon
50 g Butter oder Margarine

AUSSERDEM:
1 kg Raclettekäse
4 Portionen Butterkartoffeln ▼

1. Das Gemüse in mundgerechte Stücke schneiden und in der Gemüsebrühe bißfest garen.
2. Die Champignons putzen, halbieren, mit Zitronensaft beträufeln, in der Gemüsebrühe kurz blanchieren.
3. Die enthäuteten, entkernten und gewürfelten Tomaten untermischen und das Gemüse abschmecken. Die gehackten Kräuter untermischen.
4. Das Gemüse portionsweise in Raclettepfännchen anrichten, mit dem in Scheiben geschnittenen Käse belegen und zum Schmelzen bringen.
5. Dazu reicht man das restliche Gemüse und die Butterkartoffeln.

RACLETTE MIT ZWIEBELGEMÜSE

FÜR 4 PERSONEN:
600 g Schweinenacken
1 Tasse Olivenöl
2 Knoblauchzehen, 1 TL Salz
1 EL Majoran, 1 TL Thymian
Salz, Pfeffer aus der Mühle
4 Zwiebeln
2 EL Butter oder Margarine
100 g frische Champignons
Saft von 1 Zitrone
1 kleine Dose Kidney-Bohnen
1 kleine Dose Mais
1 kg Raclettekäse
4 Portionen Bratkartoffeln ▼

1. Den Schweinenacken waschen, trockentupfen und in dünne Scheiben schneiden.
2. Das Öl mit den mit Salz zerriebenen Knoblauchzehen, dem Majoran und dem Thymian vermischen, das Fleisch damit bestreichen und mindestens 2 Stunden ziehen lassen.
3. Die Zwiebeln in Scheiben schneiden. Das Fett in einer Pfanne erhitzen und die Zwiebeln darin glasig schwitzen.
4. Die Champignons in Scheiben schneiden, mit Zitronensaft beträufeln, mit den Kidney-Bohnen und dem Mais zu den Zwiebeln geben und kurz mitbraten. Mit Salz und Pfeffer würzen.
5. Den Schweinenacken auf dem Grill garen, anschließend in die Raclettepfännchen geben und mit etwas Zwiebelgemüse bedecken.
6. Das Ganze mit den Käsescheiben belegen und überbacken. Dazu das restliche Gemüse und die Bratkartoffeln servieren.

RACLETTE MIT PILZGEMÜSE

FÜR 4 PERSONEN:
je 100 g gekochten und rohen Schinken und Schwarzgeräuchertes
1-2 EL Butter oder Margarine
1 Zwiebel, 250 g Mischpilze
Saft von 1 Zitrone
1 Schuß Weißwein
1 Tasse gebundene Bratensauce
1 Becher Crème fraîche
1/2 Bund Petersilie
1/2 Bund Schnittlauch
Salz, Pfeffer aus der Mühle
1 Prise Muskatpulver
1 Prise Cayennepfeffer
1 kg Raclettekäse
4 Portionen Bratkartoffeln ▼

1. Den in feine Scheiben geschnittenen gekochten und rohen Schinken sowie das Schwarzgeräucherte dekorativ anrichten.
2. Die Butter oder Margarine in einer Pfanne erhitzen und die geschälte und feingehackte Zwiebel darin glasig schwitzen.
3. Die geputzten und kleingeschnittenen Mischpilze zu den Zwiebeln geben und kurz mitschwitzen.
4. Mit Zitronensaft und Weißwein beträufeln, mit der Bratensauce und der Crème fraîche auffüllen und das Ganze bei mäßiger Hitze 4-5 Minuten leicht köcheln lassen.
5. Die gehackten Kräuter dazugeben, mit Salz, Pfeffer, Muskat und Cayennepfeffer würzen.
6. Das Gemüse mit dem Schinken und dem Schwarzgeräucherten in Raclettepfännchen geben, mit den in Scheiben geschnittenen Käse belegen und überbacken. Dazu die vorbereiteten Bratkartoffeln servieren.

FLEISCHPICKS

FÜR 4 PERSONEN:
2-3 mittelgroße Bananen
150 g Weintrauben
3 Hähnchenbrustfilets oder mageres Kalbfleisch
Salz, Pfeffer aus der Mühle
3-4 EL Olivenöl
2-3 EL Honig
2-3 EL Obstessig
einige Tropfen Zitronensaft
einige Tropfen Worcestersauce

AUSSERDEM:
1 Zwiebel, 1 Knoblauchzehe
1 TL Salz, 2-3 EL Olivenöl
Saft von 1 Zitrone und 1 Orange
1/2 Bund Petersilie ▲

1. Die Bananen schälen und in mundgerechte Stücke oder Scheiben schneiden.
2. Die Weintrauben verlesen, waschen und gut abtropfen lassen.
3. Die Hähnchenbrustfilets oder das Kalbfleisch unter fließendem Wasser abwaschen, trockentupfen und in mundgerechte Stücke schneiden.
4. Die Zutaten abwechselnd auf Spieße stecken und diese mit Salz und Pfeffer kräftig würzen.
5. Das Olivenöl mit dem Honig und dem Obstessig glattrühren, mit Zitronensaft, Worcestersauce, Salz und Pfeffer würzen.
6. Die Fleischpicks auf dem Grill garen und während der Garzeit öfter mit der Glasur bestreichen.
7. Die Zwiebel schälen, fein hacken, die Knoblauchzehe schälen und mit Salz zu einer Paste zerreiben.
8. Das Olivenöl in einer Grillpfanne erhitzen, die Zwiebeln und die Knoblauchzehe darin glasig schwitzen.
9. Mit Zitronensaft und Orangensaft ablöschen und die verlesene und feingehackte Petersilie untermischen.
10. Die Hähnchenpicks anrichten, mit der restlichen Glasur bestreichen, mit der Sauce überziehen, ausgarnieren und servieren.
(Foto)

KARTOFFELSPIESSE MIT ZWIEBELSAHNE

FÜR 4 PERSONEN:

1 kg kleine Kartoffeln
250 g durchwachsenen geräucherten Speck
2-3 EL Sonnenblumenöl
1 EL Majoran
1 EL Kümmel
1 EL Rosmarin
Salz, Pfeffer aus der Mühle

AUSSERDEM:

500 g Zwiebeln
1-2 EL Olivenöl
1 Becher süße Sahne
1-2 EL Weißweinessig
1 Prise Zucker

1. Die Kartoffeln unter fließendem Wasser waschen und abbürsten.
2. Mit Salzwasser in einem Topf 10 Minuten vorgaren. Anschließend abgießen und erkalten lassen.
3. Den Speck in mundgerechte Stücke schneiden.
4. Die Kartoffeln je nach Größe halbieren oder im Ganzen abwechselnd mit dem Speck auf Spieße stecken.
6. Die Spieße mit Sonnenblumenöl einstreichen, mit Majoran, Kümmel und Rosmarin sowie Salz und Pfeffer bestreuen.
7. Die Zwiebeln in hauchdünne Scheiben schneiden. Das Olivenöl in eine feuerfeste grillgeeignete Pfanne geben und auf dem Grill erhitzen.
8. Die Zwiebeln dazugeben und glasig schwitzen. In der Zwischenzeit die Kartoffelspieße auf den Grillrost legen und garen.
9. Die Zwiebeln mit Sahne auffüllen und einmal aufkochen lassen.
10. Die Zwiebelsauce würzen.
11. Die Kartoffelspieße mit der Zwiebelsauce anrichten, ausgarnieren und servieren.
(Foto)

PAPRIKA-AUBERGINENSPIESSE

FÜR 4 PERSONEN:

2 mittelgroße Auberginen
2 EL Salz
Saft von 1 Zitrone
einige Tropfen Worcestersauce
1 rote Paprikaschote
1 grüne Paprikaschote
2 Zwiebeln
2-3 EL Olivenöl
1/2 Tasse Tomaten-Ketchup
2-3 EL Johannisbeergelee
2-3 EL Obstessig
1 EL Currypulver

1. Die Auberginen putzen, waschen und in mundgerechte Scheiben oder Würfel schneiden.
2. Die Auberginenscheiben mit Salz bestreuen und 10 Minuten ziehen lassen. Anschließend unter fließendem Wasser abwaschen.
3. Die Auberginenwürfel mit Zitronensaft und Worcestersauce beträufeln und bereitstellen.
4. Die Paprikaschoten halbieren, entkernen und ebenfalls in mundgerechte Stücke schneiden.
5. Die Zwiebeln schälen und vierteln.
6. Die Gemüsezutaten abwechselnd auf Spieße stecken und mit Olivenöl bestreichen, auf den Grillrost legen und auf jeder Seite 2-3 Minuten garen.
7. In der Zwischenzeit den Tomaten-Ketchup mit dem Johannisbeergelee und dem Obstessig sowie dem Currypulver glattrühren, mit Salz und Pfeffer würzen und 2 Minuten vor Garende die Auberginenspieße damit einstreichen, fertiggaren, anrichten, ausgarnieren und servieren.

GRILLKARTOFFELN

FÜR 4 PERSONEN:
1,2 kg festkochende Kartoffeln
Salzwasser
2 Lorbeerblätter
2 EL Kümmel
1 EL Wacholderbeeren
1 EL Pimentkörner
1 EL Majoran
1 Zweig Rosmarin

AUSSERDEM:
Dips für Pellkartoffeln
100 g Butter oder Margarine
1 Bund Schnittlauch
1 Bund Petersilie
einige Tropfen Zitronensaft
Salz, Pfeffer aus der Mühle

1. Die Kartoffeln unter fließendem Wasser waschen und kräftig abbürsten.
2. Mit dem Salzwasser in einen Topf geben. Die Lorbeerblätter, den Kümmel, die Wacholderbeeren, die Pimentkörner, den Majoran sowie den Rosmarinzweig dazugeben und die Kartoffeln bißfest garen.
3. Die Kartoffeln abgießen, anrichten und mit den verschiedenen Dips servieren.
4. Die Butter oder Margarine in einem Topf erhitzen und die verlesenen, gewaschenen und feingehackten Kräuter dazugeben.
5. Mit Zitronensaft, Salz und Pfeffer abschmecken und zu den Pellkartoffeln servieren.

GURKEN-KNOBLAUCH-DIP

FÜR 4 PERSONEN:
1 kleine Salatgurke
1/2 Bund Radieschen
1 kleine Zwiebel
2 Knoblauchzehen
1 TL Salz
1 Becher Dickmilch
75 g Magerquark
1 Schuß Sahne
Saft von 1/2 Zitrone
1 TL Tsatsiki-Gewürz
Salz, Pfeffer aus der Mühle
1 Prise Cayennepfeffer
1 Prise Zucker

1. Die Salatgurke putzen, halbieren, mit einem Teelöffel das Kerngehäuse herauslösen und in sehr feine Stifte schneiden.
2. Die Radieschen ebenfalls putzen und in Stifte schneiden. Die Zwiebel schälen und sehr fein hacken.
3. Die Knoblauchzehen schälen und mit Salz zu einer Paste zerreiben.
4. Die Dickmilch mit dem Magerquark, der Sahne und dem Zitronensaft in einer Schüssel glattrühren.
5. Das Gemüse dazugeben und vorsichtig untermischen.
6. Mit Tsatsiki-Gewürz, Salz, Pfeffer, Cayennepfeffer und Zucker kräftig abschmecken, anrichten, ausgarnieren und servieren.

PUßTASAUCE

FÜR 4 PERSONEN:
1 Zwiebel
1/2 rote Paprikaschote
1/2 grüne Paprikaschote
1-2 EL Olivenöl
2 Knoblauchzehen
1 TL Salz
4 cl Barac
1/2 Tasse Pußta-Sauce

1. Die Zwiebel schälen und fein reiben.
2. Die Paprikaschoten putzen und in sehr feine Würfel schneiden.
3. Das Olivenöl in einer Pfanne erhitzen und die geschälten und mit Salz zerriebenen Knoblauchzehen darin kurz anschwitzen.
4. Die Zwiebeln und die Paprikaschoten dazugeben und kurz mitschwitzen.
5. Mit Barac ablöschen, vom Feuer nehmen und erkalten lassen.
6. Das Gemüse unter die Pußta-Sauce ziehen, nochmals abschmecken, anrichten und servieren.

KÜMMELQUARK

FÜR 4 PERSONEN:
250 g Sahnequark
1 Schuß Sahne
1 Tasse Kefir
Saft von 1/2 Zitrone
1 TL gemahlenen Kümmel
1 TL geschroteten Kümmel
Salz, Pfeffer aus der Mühle
4 cl Aquavit
1 Prise Zucker

1. Den Sahnequark mit der Sahne, dem Kefir und dem Zitronensaft in einer Schüssel glattrühren.
2. Den gemahlenen und den geschroteten Kümmel untermischen, mit Salz, Pfeffer und Aquavit sowie etwas Zucker kräftig abschmecken, anrichten und zu den Pellkartoffeln servieren.

KAVIARHAPPEN

FÜR 4 PERSONEN:
200 g Doppelrahm-Frischkäse
1 Schuß Sahne
einige Tropfen Zitronensaft, Orangensaft und Orangenlikör
Salz, Pfeffer aus der Mühle
1 Prise Zucker
1 Prise Cayennepfeffer
je 1 Glas Keta Kaviar, Forellenkaviar, deutschen Kaviar und Wachteleier
Kräuterzweige zum Garnieren

1. Den Doppelrahm-Frischkäse mit der Sahne, dem Zitronensaft, dem Orangensaft und dem Orangenlikör in eine Schüssel geben und glattrühren.
2. Mit Salz, Pfeffer, Zucker und Cayennepfeffer kräftig würzen.
3. Den Frischkäse auf große Suppenlöffel verteilen.
4. Abwechselnd Keta-Kaviar, Forellenkaviar, deutschen Kaviar und halbierte oder geviertelte Wachteleier auf die Creme verteilen.
5. Mit Kräuterzweigen ausgarnieren, anrichten und servieren.

SALAT MIT VERSCHIEDENEN SAUCEN

FÜR 4 PERSONEN:
1 kleinen Kopf Eisbergsalat
1 kleinen Kopf Bataviasalat
1 kleinen Kopf Lollo Rosso
1 kleinen Kopf Radicchiosalat
1 Bund Radieschen
1 rote und 1 grüne Paprikaschote
1 kleines Glas schwarze Oliven
Dressing nach Wahl

1. Die Blattsalate waschen, abtropfen lassen und zerpflücken .
2. Die Radieschen waschen und in Scheiben schneiden.
3. Die Paprikaschoten halbieren, entkernen, waschen und in feine Streifen schneiden.
4. Die Oliven gut abtropfen lassen und mit den restlichen Salaten in einer Schüssel vermischen.
5. Den Salat dekorativ anrichten und mit dem Dressing überziehen, ausgarnieren und servieren.

TOMATEN-KEFIR-SAUCE MIT WEINBRAND

FÜR 4 PERSONEN:
1 Tasse Kefir
1/2 Tasse Sahne-Dickmilch
2-3 EL Tomaten-Ketchup
2 cl Weinbrand
Salz, Pfeffer aus der Mühle
1 Prise Paprikapulver rosenscharf
1 Prise Zucker

1. Den Kefir mit Sahne-Dickmilch, Tomaten-Ketchup und Weinbrand in einer Schüssel glattrühren.
2. Das Dressing mit Salz, Pfeffer, Paprikapulver und Zucker abschmecken, zum Salat servieren.

KRÄUTERDRESSING

FÜR 4 PERSONEN:
1 Tasse Buttermilch
1/2 Tasse Sahne-Dickmilch
1 Zwiebel
je 1/2 Bund Zitronenmelisse, Borretsch, Estragon und Dill
einige Tropfen Zitronensaft
einige Tropfen Worcestersauce
Salz, Pfeffer aus der Mühle
je 1 Prise Zucker
und Muskatpulver

1. Die Buttermilch mit Dickmilch glattrühren, die Zwiebel reiben, mit den Kräutern unterrühren.
2. Mit Zitronensaft, Worcestersauce, Salz, Pfeffer, Zucker und Muskat abschmecken, über den Salat geben.

REMOULADEN-KEFIR-DRESSING

FÜR 4 PERSONEN:
1 Tasse Kefir
1/2 Becher Sahne-Dickmilch
2 Cornichons
1-2 EL mittelscharfen Senf
4 Sardellenfilets, 1 kleine Zwiebel
1/2 Bund Dill, 1 hartgekochtes Ei
Salz, Pfeffer aus der Mühle
einige Tropfen Zitronensaft
einige Tropfen Worcestersauce
1 Prise Zucker

1. Kefir mit Dickmilch glattrühren.
2. Die Cornichons hacken, mit Senf und den gehackten Sardellenfilets unter das Dressing rühren.
3. Die Zwiebel und den Dill hacken, mit dem feingehackten Ei unterrühren, mit Salz, Pfeffer, Zitronensaft, Worcestersauce und Zucker abschmecken, servieren.

KRÄUTER-SAUCE

FÜR 4 PERSONEN:
100 g Magerquark
1 Becher Sahne-Dickmilch
Saft von 1/2 Zitrone
1 Tasse gemischte gehackte Kräuter (Schnittlauch, Petersilie, Dill, Estragon, Kresse, Zitronenmelisse)
Salz, Pfeffer aus der Mühle
1 Prise Cayennepfeffer
1 Prise Zucker
einige Tropfen Worcestersauce

1. Den Magerquark mit der Dickmilch und dem Zitronensaft in eine Schüssel geben und glattrühren.
2. Die gehackten Kräuter untermischen, mit Salz, Pfeffer, Cayennepfeffer, Zucker und Worcestersauce abschmecken und zu den Pellkartoffeln servieren.

FRENCH DRESSING

FÜR 4 PERSONEN:
2 Eigelb
2 EL mittelscharfen Senf
2-3 EL Obstessig
Saft von 1 Zitrone
1 Tasse Olivenöl
Salz, Pfeffer aus der Mühle
1 Prise Cayennepfeffer
1 Prise Zucker
1 Tasse gem., gehackte Kräuter

1. Das Eigelb mit dem Senf, dem Obstessig und dem Zitronensaft in eine Schüssel geben und mit dem Schneebesen kräftig verschlagen.
2. Das Olivenöl tropfenweise unter die Eigelbmasse rühren.
3. Mit Salz, Pfeffer, Cayennepfeffer und Zucker kräftig abschmecken und die gehackten Kräuter untermischen.

WARMER BOHNENSALAT

FÜR 4 PERSONEN:

2 EL Olivenöl
100 g durchwachsenen geräucherten Speck
2 Zwiebeln
1 Dose Kidney-Bohnen
1 Dose weiße Bohnen
1 Dose Maiskörner
1 Tasse Gemüsebrühe
1 Becher Crème fraîche
1 Kästchen Kresse
Salz, Pfeffer aus der Mühle
1 Prise Cayennepfeffer
1 Prise Zucker
1 großen Kopf Eisbergsalat
1 Bund Schnittlauch
100 g Knoblauchcroûtons ▼

1. Das Öl in eine Pfanne geben und den fein gewürfelten Speck darin auslassen.
2. Die Zwiebeln in feine Würfel schneiden, zum Speck geben und kurz mitschwitzen.
3. Die Kidney-Bohnen, die weißen Bohnen und die Maiskörner gut abtropfen lassen, zu den Speckzwiebeln geben und erhitzen.
4. Mit der Brühe und der Crème fraîche angießen und einmal aufkochen lassen, erkalten lassen.
5. Die Kresse grob hacken, unter den Salat heben. Mit Salz, Pfeffer, Cayennepfeffer und Zucker abschmecken.
6. Den Eisbergsalat waschen, gut abtropfen lassen, in mundgerechte Stücke zerpflücken und anrichten.
7. Den Warmen Bohnensalat gleichmäßig darüber verteilen und mit Schnittlauch und Knoblauchcroûtons bestreuen.
8. Den Warmen Bohnensalat ausgarnieren und servieren.

SELLERIESALAT

FÜR 4 PERSONEN:

800 g Sellerie
Saft von 2 Zitronen
2 EL Olivenöl
2 Zwiebeln
1 Glas Weißwein
3/8 l Gemüsebrühe
1/2 Tasse Essig
Salz, Pfeffer aus der Mühle
1 Prise Cayennepfeffer
1 Prise Muskatpulver
1 Prise Nelkenpulver
1 Prise Zucker

AUSSERDEM:

je 1 Tasse gehackte Walnüsse
und gemischte gehackte Kräuter ▼

1. Den Sellerie putzen, schälen, waschen, in hauchdünne Scheiben schneiden und mit Zitronensaft beträufeln.
2. Das Olivenöl in einem Topf erhitzen und die geschälten und feingehackten Zwiebeln darin glasig schwitzen.
3. Mit Weißwein ablöschen, mit der Gemüsebrühe und dem Essig auffüllen und zum Kochen bringen.
4. Den Sud mit Salz, Pfeffer, Cayennepfeffer, Muskat- und Nelkenpulver sowie Zucker kräftig abschmecken und den Sellerie hineingeben.
5. Die Selleriescheiben im Sud bißfest garen, anschließend vom Feuer nehmen und im Sud erkalten lassen.
6. Den Selleriesalat nochmals kräftig abschmecken, anrichten, mit den gehackten Walnüssen und Kräutern bestreuen, ausgarnieren und servieren.

KAROTTENSALAT MIT FRÜHLINGSZWIEBELN

FÜR 4 PERSONEN:

1 Zwiebel
600 g Karotten
2-3 EL Olivenöl
1 Schuß Weißwein
1 Tasse Gemüsebrühe
Salz, Pfeffer aus der Mühle
1 Prise Cayennepfeffer
1 Prise Zucker
1 Prise Muskatpulver
1 Bund Frühlingszwiebeln
1 Becher saure Sahne
3-4 EL Obstessig
1 Bund Estragon ▼

1. Die Zwiebel fein hacken. Die Karotten putzen, schälen, waschen, gut abtropfen lassen und in Scheiben oder Würfel schneiden.
2. Das Öl in einem Topf erhitzen, die Zwiebel darin glasig schwitzen.
3. Die Karotten dazugeben, kurz mitschwitzen, mit Weißwein ablöschen und mit der Brühe auffüllen.
4. Das Gemüse mit Salz, Pfeffer, Cayennepfeffer, Zucker und Muskat würzen und bei mäßiger Hitze 10-12 Minuten köcheln lassen.
5. Anschließend das Gemüse bei starker Hitze so lange kochen lassen, bis die Flüssigkeit fast vollständig verdampft ist.
6. Den Karottensalat vom Feuer nehmen, die geputzten, gewaschenen und in Streifen geschnittenen Frühlingszwiebeln untermischen und vollständig erkalten lassen.
7. Die saure Sahne mit dem Obstessig und dem verlesenen, gewaschenen und feingehackten Estragon unter den Karottensalat heben.
8. Den Karottensalat nochmals kräftig abschmecken, anrichten, ausgarnieren und servieren.

KARTOFFELSALAT MIT SOJABOHNEN

FÜR 4 PERSONEN:
400 g Kartoffeln
1 EL Kümmel
Salzwasser

AUSSERDEM:
100 g rote Zwiebeln
250 g Sojabohnenkeimlinge

FÜR DAS DRESSING:
1 1/2 Tassen Joghurt-Salatcreme
1-2 EL Delikateß-Senf
1 Schuß Sahne
Saft von 1/2 Zitrone
1/2 TL Ingwerpulver
Salz, Pfeffer aus der Mühle
1 Prise Zucker

1. Die Kartoffeln unter fließendem Wasser abwaschen, gut abtropfen lassen und mit dem Kümmel in einen Topf geben.
2. Das Salzwasser angießen und die Kartoffeln bißfest garen.
3. Die Kartoffeln abgießen, leicht erkalten lassen, pellen und in dünne Scheiben schneiden.
4. Die Zwiebeln schälen und in feine Würfel schneiden.
5. Die Sojabohnenkeimlinge verlesen, waschen und gut abtropfen lassen.
6. Mit den Zwiebeln unter die Kartoffelscheiben heben und den Salat bereitstellen.
7. Für das Dressing die Joghurt-Salatcreme mit dem Senf, der Sahne und dem Zitronensaft sowie dem Ingwerpulver in eine Schüssel geben und glattrühren.
8. Das Dressing mit Salz, Pfeffer und Zucker abschmecken und den Salat damit anmachen.
9. Den Kartoffelsalat anrichten, ausgarnieren und servieren.

DICKE BOHNEN MIT SCHINKENSAHNE

FÜR 4 PERSONEN:

1 großes Glas dicke Bohnen
1-2 EL Olivenöl
1 Zwiebel
1 rote Paprikaschote
1 grüne Paprikaschote
1 gelbe Paprikaschote
100 g gekochten Schinken
Saft von 1 Zitrone
Saft von 1 Orange
1 Schuß Weißwein
1 Becher Sahne
Salz, Pfeffer aus der Mühle
1 Prise Zucker
1 TL Bohnenkraut
1 Bund Schnittlauch ▼

1. Die dicken Bohnen gut abtropfen lassen und bereitstellen.
2. Das Olivenöl in einem Topf erhitzen und die geschälte und feingehackte Zwiebel darin glasig schwitzen.
3. Die Paprikaschoten halbieren, entkernen und in feine Würfel schneiden, zu den Zwiebeln geben und kurz mitschwitzen.
4. Den Schinken in Würfel schneiden, zum Gemüse geben und ebenfalls kurz mitschwitzen.
5. Mit Zitronensaft, Orangensaft, Weißwein und Sahne auffüllen und kurz einreduzieren lassen.
6. Die dicken Bohnen unterheben und das Ganze mit Salz, Pfeffer, Zucker und Bohnenkraut abschmecken.
7. Den Bohnensalat warm oder kalt anrichten, mit frisch geschnittenem Schnittlauch bestreuen, ausgarnieren und servieren.

SCHNELLER GRILLSALAT

FÜR 4 PERSONEN:

1 Kopf Eisbergsalat
1 Zwiebel
1 Bund Radieschen
1 Bund Frühlingszwiebeln
1 Dose Kidney-Bohnen
1 Dose Mais

FÜR DAS DRESSING:

1 Tasse Mayonnaise
1 Becher Joghurt
2-3 EL Johannisbeergelee
2-3 EL Tomaten-Ketchup
2-3 EL Obstessig
Saft von 1 Zitrone
1 EL Curry
Salz, Pfeffer aus der Mühle
1 Bund Schnittlauch ▼

1. Den Eisbergsalat verlesen, waschen, gut abtropfen lassen und in Stücke zerpflücken.
2. Die Zwiebel fein hacken.
3. Die Radieschen putzen, waschen und in Scheiben schneiden. Die Frühlingszwiebeln putzen, waschen und in dünne Scheibchen schneiden.
4. Die Kidney-Bohnen und den Mais gut abtropfen lassen, mit den Salatzutaten in einer Schüssel vorsichtig miteinander vermischen.
5. Für das Dressing die Mayonnaise mit dem Joghurt, dem Johannisbeergelee, dem Tomaten-Ketchup, dem Obstessig, dem Zitronensaft und dem Curry in eine Schüssel geben und glattrühren.
6. Mit Salz und Pfeffer abschmecken und den Salat damit anmachen.
7. Den Schnellen Grillsalat anrichten, mit frisch geschnittenem Schnittlauch bestreuen, ausgarnieren und servieren.

CHINAKOHLSALAT MIT SCHINKEN

FÜR 4 PERSONEN:

1 kleinen Kopf Chinakohl
1 Bund Frühlingszwiebeln
100 g gekochten Schinken
1 Zwiebel, 250 g Kirschtomaten

FÜR DAS DRESSING:

1 Becher Dickmilch
1/2 Becher Sahne
1-2 EL mittelscharfen Senf
2 EL Johannisbeergelee
2-3 EL Obstessig
Saft von 1 Zitrone
Salz, Pfeffer aus der Mühle
1 Prise Cayennepfeffer
1 Prise Zucker
1 Bund Schnittlauch ▼

1. Den Chinakohl halbieren, den Strunk herausschneiden und die Blätter waschen, abtropfen lassen.
2. Den Chinakohl in Streifen schneiden, in eine Schüssel geben.
3. Die Frühlingszwiebeln putzen, waschen und in Streifen schneiden.
4. Den Schinken ebenfalls in Streifen schneiden und mit der feingehackten Zwiebel sowie den Frühlingszwiebeln unter den Chinakohl heben.
5. Die Kirschtomaten waschen, halbieren und unter den Salat mischen.
6. Für das Dressing die Dickmilch mit der Sahne, dem Senf, dem Johannisbeergelee, dem Obstessig und dem Zitronensaft in eine Schüssel geben und glattrühren.
7. Das Dressing mit Salz, Pfeffer, Cayennepfeffer und Zucker kräftig abschmecken und den Chinakohlsalat damit anmachen.
8. Den Chinakohlsalat anrichten, mit frisch geschnittenem Schnittlauch bestreuen, ausgarnieren und servieren.

SALAT MIT FORELLENSTREIFEN

FÜR 4 PERSONEN:

200 g Eichblattsalat
200 g Rucola
1/2 Netzmelone
1 Kästchen Kresse
1/2 Becher Kefir
Saft von 1/2 Zitrone
4 EL Sonnenblumenöl
1-2 EL Sahne-Meerrettich
Salz, Pfeffer aus der Mühle
1 Prise Cayennepfeffer
1 Prise Zucker
4 geräucherte Forellenfilets
Kräuterzweige zum Garnieren ▲

1. Die Blattsalate waschen, abtropfen lassen und zerpflücken .
2. Die Netzmelone entkernen und das Fruchtfleisch mit einem Kugelausstecher herauslösen.
3. Die Kresse grob hacken.
4. Die Salatzutaten in eine Schüssel geben und miteinander vermischen.
5. Den Kefir mit dem Zitronensaft, dem Sonnenblumenöl und dem Sahne-Meerrettich verrühren, mit Salz, Pfeffer, Cayennepfeffer und Zucker kräftig abschmecken.
6. Den Salat mit dem Dressing anmachen und dekorativ anrichten.
7. Die enthäuteten Filets in Streifen schneiden, auf den Salat legen.
8. Den Salat mit Kräuterzweigen anrichten, ausgarnieren und servieren.

EDELPILZCREME

FÜR 4 PERSONEN:

50 g geriebenen Edelpilzkäse
1 Becher Joghurt, 1 Schuß Sahne
1-2 EL Johannisbeergelee
2-3 EL Obstessig
Salz, Pfeffer aus der Mühle
1 Prise Cayennepfeffer
einige Tropfen Weinbrand
1/2 Bund Estragon ▼

1. Den Edelpilzkäse mit dem Joghurt, der Sahne, dem Johannisbeergelee und dem Obstessig glattrühren.
2. Mit Salz, Pfeffer, Cayennepfeffer und Weinbrand aromatisieren
3. Den Estragon fein hacken, unter das Dressing ziehen und servieren.

KARTOFFELNUDELN

FÜR 4 PERSONEN:
1 kg mehlig-kochende Kartoffeln
Salzwasser
2 Lorbeerblätter
2 EL Kümmel
2 EL Wacholderbeeren
1 EL Pimentkörner

AUSSERDEM:
2 Eier
125-150 g Mehl
1 EL Salz
weißen Pfeffer aus der Mühle
1 Prise Muskatpulver
1 Prise Cayennepfeffer
Mehl zum Verarbeiten
100 g Butterschmalz ▼

1. Die Kartoffeln waschen und mit dem Salzwasser in einen Topf geben.
2. Die Lorbeerblätter, den Kümmel, die Wacholderbeeren und die Pimentkörner dazugeben und die Kartoffeln bißfest garen.
3. Anschließend die Kartoffeln herausnehmen, pellen und zweimal durch die Kartoffelpresse treiben.
4. Die Kartoffeln erkalten lassen, die Eier, das Mehl und das Salz dazugeben, mit weißem Pfeffer, Muskat und Cayennepfeffer kräftig würzen und das Ganze zu einem kompakten Teig verkneten.
5. Auf einer bemehlten Arbeitsfläche den Teig zu einer 3-4 cm dicken Rolle formen und etwa 1 cm dicke Scheiben abschneiden.
6. Die Scheiben zu zwei fingerdicken Rollen formen und bereitstellen.
7. Das Butterschmalz in einer großen Pfanne erhitzen und die Kartoffelnudeln darin goldgelb braten, herausnehmen, anrichten, ausgarnieren und servieren.

PFANNENGERÜHRTES GEMÜSE

FÜR 4 PERSONEN:
1/2 Tasse Sesamöl
1 Zwiebel, 1 Knoblauchzehe
1 Stück Ingwerwurzel
2 Karotten
1 Stück Staudensellerie
1/2 rote und grüne Paprikaschote
1/2 Tasse Sojasauce
je 100g Sojabohnenkeimlinge, Bambussprossen und Zuckererbsen
Salz, Pfeffer aus der Mühle
1/2 Tasse Hoisin-Sauce
3-4 EL Honig
3-4 EL Tomaten-Ketchup
3-4 EL Essig
1 TL Fünf-Gewürz-Pulver
400 g gekochte Glasnudeln
1 Bund Cilantro oder Petersilie ▼

1. Das Sesamöl in einer Pfanne erhitzen und die in Scheiben geschnittene Zwiebel darin glasig schwitzen.
2. Die Knoblauchzehe fein hacken, die Ingwerwurzel reiben, zu den Zwiebeln geben, kurz mitschwitzen.
3. Die Karotten, den Sellerie und die Paprikaschoten in Streifen schneiden, zu den Zwiebeln geben, kurz braten.
4. Mit der Sojasauce auffüllen, die Sojabohnenkeimlinge dazugeben.
5. Die Bambussprossen in feine Streifen schneiden, mit den Zuckererbsen unter das Gemüse heben und unter ständigem Rühren garen.
6. Mit Salz und Pfeffer würzen, die Hoisin-Sauce, den Honig, den Tomaten-Ketchup und Essig untermischen.
7. Mit Fünf-Gewürz-Pulver, Salz und Pfeffer abrunden und die Glasnudeln untermischen. Nochmals kräftig erhitzen, abschmecken, anrichten und mit frisch geschnittenem Cilantro oder Petersilie servieren.

SAHNENUDELN

FÜR 4 PERSONEN:
2-3 EL Olivenöl
75 g geräucherten Speck
1 Bund Frühlingszwiebeln
100 g frische Champignons
Saft von 1 Zitrone
1 Schuß Weißwein
1 Tasse Gemüsebrühe
1 Becher Sahne
Salz, Pfeffer aus der Mühle
1 Prise Cayennepfeffer
1 Prise Zucker
1 Bund Schnittlauch
400 g gekochte Eiernudeln ▼

1. Das Olivenöl in einer großen Pfanne erhitzen und den gewürfelten Speck darin auslassen.
2. Die geputzten und in Scheiben geschnittenen Frühlingszwiebeln dazugeben und glasig schwitzen.
3. Die Champignons waschen, in Scheiben schneiden, mit Zitronensaft beträufeln, zu den Speckzwiebeln geben und kurz mitschwitzen.
4. Mit Weißwein ablöschen und mit der Gemüsebrühe auffüllen.
5. Die Sahne dazugeben, mit Salz, Pfeffer, Cayennepfeffer und Zucker kräftig würzen und kurz einreduzieren lassen.
6. Den geschnittenen Schnittlauch mit den Eiernudeln unter die Sahnesauce rühren, nochmals erhitzen, abschmecken, anrichten, ausgarnieren und servieren.

SCHUPFNUDELN

FÜR 4 PERSONEN:
1 kg Kartoffeln
60 g Mehl
40 g Speisestärke
1 EL Salz
weißen Pfeffer aus der Mühle
1 Prise Muskatpulver
Mehl zum Bestauben

AUSSERDEM:
Salzwasser
100 g Butterschmalz
1 Bund Petersilie
1/2 Bund Majoran
Salz, Pfeffer aus der Mühle

1. Die Kartoffeln waschen, in der Schale garen, pellen und zweimal durch die Kartoffelpresse treiben, vollständig erkalten lassen, mit dem Mehl, der Speisestärke, dem Salz, dem weißen Pfeffer aus der Mühle und dem Muskat zu einem glatten Teig verarbeiten.
2. Den Teig auf einer bemehlten Arbeitsfläche zu einer ca. 2 cm dicken Rolle formen und in 1 cm dicke Scheiben schneiden.
3. Die Scheiben zu etwa fingerdicken Röllchen formen und diese portionsweise in reichlich kochendes Salzwasser geben.
4. Die Nudeln garen. Anschließend mit einem Schaumlöffel herausnehmen, mit kaltem Wasser abbrausen und gut abtropfen lassen. Etwa 2 Stunden auf ein sauberes Küchentuch zum Abtrocknen legen.
5. Das Butterschmalz in einer großen Pfanne erhitzen und die Schupfnudeln darin goldbraun braten. Mit den feingehackten Kräutern bestreuen, mit Salz und Pfeffer würzen, anrichten, ausgarnieren und servieren.

FRISCHKÄSESAUCE MIT PARMASCHINKEN

FÜR 4 PERSONEN:

2 Schalotten, 2 EL Olivenöl
1/2 rote, 1/2 gelbe Paprikaschote
100 g Parmaschinken
1 Becher süße Sahne
2 EL frisch gehackten Thymian
Salz, Pfeffer aus der Mühle
1 Prise Cayennepfeffer
1 Prise Zucker
2 Becher Knoblauch-Frischkäse ▼

1. Das Öl in einer Pfanne erhitzen und die feingehackten Schalotten darin glasig schwitzen.
2. Die Paprikaschoten waschen, würfeln, zu den Schalotten geben und kurz mitschwitzen.
3. Den Parmaschinken ebenfalls würfeln und zum Gemüse geben.
4. Mit Sahne angießen und bei starker Hitze kurz einreduzieren lassen, vom Feuer nehmen, mit Thymian, Salz, Pfeffer, Cayennepfeffer und Zucker abschmecken.
5. Die erkaltete Sauce unter den Frischkäse ziehen, nochmals abschmecken, anrichten, servieren.

CHAMPIGNONSAUCE

FÜR 4 PERSONEN:

1-2 EL Butter oder Margarine
1 Zwiebel
100 g frische Champignons
Saft von 1 Zitrone
1/4 l Gemüse- oder Fleischbrühe
2 EL Sojasauce
1/2 Becher Sahne
1-2 EL Speisestärke
Salz, Pfeffer aus der Mühle
einige Tropfen Worcestersauce
2 cl Tokajer oder Sherry medium ▼

1. Die Butter oder Margarine in einer Pfanne erhitzen und die feingehackte Zwiebel darin glasig schwitzen.
2. Die Champignons waschen, abtrop-fen lassen, in Scheiben schneiden, mit Zitronensaft beträufeln, zu den Zwie-beln geben und kurz mitschwitzen.
3. Die Gemüse- oder Fleischbrühe angießen, die Sojasauce untermischen und die Sahne dazugeben.
4. Bei starker Hitze die Sauce kurz einreduzieren lassen und mit etwas angerührter Speisestärke binden.
5. Die Champignonsauce mit Salz, Pfeffer, Worcestersauce und mit Tokajer oder Sherry aromatisieren, anrichten, ausgarnieren und servieren.

GEMÜSE HOLLANDAISE

FÜR 4 PERSONEN:

1-2 EL Butter oder Margarine
1 Zwiebel, 1 Stück Sellerie
1 Karotte, 1 Stück Lauch
1 Schuß Weißwein
Saft von 1 Zitrone
3 Packungen Sauce Hollandaise
Salz, Pfeffer aus der Mühle
je 1 Prise Muskatpulver, Cayennepfeffer und Zucker
einige Tropfen Worcestersauce
1/2 Bund Schnittlauch ▼

1. Die Butter oder Margarine in einem Topf erhitzen und die geschälte und feingehackte Zwiebel darin glasig schwitzen.
2. Das Gemüse putzen, waschen, gut abtropfen lassen, in feine Würfel oder Streifen schneiden, zu den Zwiebeln geben und kurz mitschwitzen.
3. Mit Weißwein und Zitronensaft angießen und das Gemüse darin kurz dünsten.
4. Die Sauce Hollandaise dazugeben, unterrühren, erhitzen, mit Salz, Pfeffer, Muskat, Cayennepfeffer, Zucker und Worcestersauce abschmecken.
5. Den verlesenen, gewaschenen und feingeschnittenen Schnittlauch untermischen, die Sauce nochmals abschmecken, anrichten, ausgarnieren und servieren.

EDELPILZ-DIP

FÜR 4 PERSONEN:

1-2 EL Olivenöl, 1 Zwiebel
2 Scheiben Ananas
2 EL grüne Pfefferkörner
einige Tropfen Weinbrand
einige Tropfen Zitronensaft
250 g Magerquark, 1 Schuß Sahne
100 g Edelpilzkäse
1 Kästchen Kresse
Salz, Pfeffer aus der Mühle
1 Prise Cayennepfeffer
1 Prise Zucker ▼

1. Das Öl in einer Pfanne erhitzen und die gehackte Zwiebel darin glasig schwitzen.
2. Die Ananasscheiben fein würfeln, mit dem grünen Pfeffer zu den Zwiebeln geben und einmal aufkochen.
3. Mit Weinbrand und Zitronensaft beträufeln, vom Feuer nehmen und vollständig erkalten lassen.
4. Den Magerquark mit der Sahne und dem geriebenen Edelpilzkäse in einer Schüssel glattrühren.
5. Die Ananas-Zwiebel-Mischung unter die Creme ziehen und die verlesene, gewaschene und feingehackte Kresse dazugeben.
6. Das Ganze mit Salz, Pfeffer, Cayennepfeffer und Zucker kräftig abschmecken, anrichten, ausgarnieren und servieren.

MEERRETTICH-CREME

FÜR 4 PERSONEN:
200 g Doppelrahm-Frischkäse
1 Schuß Sahne
2-3 EL Sahne-Meerrettich
4 Cocktailtomaten
1 eingelegte Paprikaschote
Salz, Pfeffer aus der Mühle
je 1 Prise Cayennepfeffer
und Zucker ▼

1. Den Frischkäse mit der Sahne und dem Meerrettich glattrühren.
2. Die Tomaten und Paprikaschote würfeln, unter die Creme ziehen.
3. Mit Salz, Pfeffer, Cayennepfeffer und Zucker abschmecken, anrichten und servieren.

ORANGENBUTTER

FÜR 4 PERSONEN:
250 g Butter
2 EL Delikateß-Senf
2 EL bittere Orangenmarmelade
4 cl Orangenlikör
1 EL geriebene Orangenschale
Salz, Pfeffer aus der Mühle
1 Prise Cayennepfeffer ▼

1. Die Butter in eine Schüssel geben und schaumig schlagen.
2. Den Senf, die Orangenmarmelade, den Orangenlikör und die Orangenschale darunterschlagen.
3. Die Butter mit Salz, Pfeffer und Cayennepfeffer abschmecken, anrichten, ausgarnieren, servieren.

SAUCE CHORON

FÜR 4 PERSONEN:
1 Rezept Sauce Hollandaise
2-3 EL Tomatenmark
1/2 Bund Basilikum
weißen Pfeffer aus der Mühle
einige Tropfen Weinbrand ▼

1. Die Sauce Hollandaise nach Rezeptanweisung zubereiten und mit dem Tomatenmark verrühren.
2. Das Basilikum verlesen, waschen, fein hacken und unter die Sauce ziehen.
3. Die Sauce mit weißem Pfeffer und Weinbrand kräftig abrunden, nochmals abschmecken, anrichten, ausgarnieren und servieren.

Bildquellen

Müller Milch: 15, 27, 33, 36/37, 52/53, 55, 57
Moguntia: 9
Thomy: 11, 21, 22, 23, 24, 59
CMA Butterschmalz:19, 29, 61
Kikkoman Sojasauce: 31
Info-Bananen: 35, 49
Terra Nova, Kartoffeln: 50/51